61

STEIDL

taschenbuch 116

Günther Schwarberg kam in die Schule, als Hitler an die Macht kam. Als Hitlers Krieg zu Ende ging, wurde er zuerst Luftwaffenhelfer und dann Marinesoldat – voll Haß auf die Uniform und das Hakenkreuz. Sein Leben wurde beeinflußt durch die lebenslange Auseinandersetzung mit dem Faschismus und seinen Verbrechen.

Unmittelbar nach Kriegsende wurde Schwarberg Journalist. Zuerst Volontär, dann Redakteur des *Weser-Kurier* in Bremen. Seitdem bei vielen Zeitungen, Zeitschriften und Sendern. 24 Jahre lang, bis 1988, war er Reporter des *Stern*. Für ihn stand und steht der Feind immer rechts. Seine journalistischen Arbeiten stellten die Opfer des Faschismus und die Widerstandskämpfer in den Mittelpunkt. Berichterstattung über den Majdanek-Prozeß; über die größte Schiffskatastrophe der Weltgeschichte, die nicht etwa der Untergang der »Titanic« war – wie viele Geschichtsschreiber und Journalisten bis heute behaupten –, sondern die Bombardierung der KZ-Schiffe in der Lübecker Bucht am 3. Mai 1945 mit 7500 Toten (allerdings keine Passagiere eines Luxusliners). Die Versenkung der »Cap Arcona« und der »Athen« wurde aus dem Bewußtsein verdrängt und mußte erst wieder bewußt gemacht werden. Als die wichtigste Arbeit seines Lebens sieht Günther Schwarberg die Erforschung der Geschichte von zwanzig jüdischen Kindern an, die am 30. April 1945 im Keller der Hamburger Volksschule am Bullenhuser Damm erhängt wurden. Für diese Arbeit, die Gründung der Vereinigung »Kinder vom Bullenhuser Damm« und die jahrzehntelangen Nachforschungen nach den Angehörigen, erhielten Günther Schwarberg und die Rechtsanwältin Barbara Hüsing am 20. April 1988 als erste Deutsche die Anne-Frank-Medaille.

Seine Bücher »Meine zwanzig Kinder«, »Der letzte Tag von Oradour« (zusammen mit Lea Rosh), »Der SS-Arzt und die Kinder vom Bullenhuser Damm«, »Die Mörderwaschmaschine«, »Der Juwelier von Majdanek«, »Die letzte Fahrt der Exodus« und »Das Getto« sind im Steidl Verlag erschienen.

Günther Schwarberg

Angriffsziel »Cap Arcona«

Steidl

Abbildungsnachweis: S. 10, 24, 25, 26 unten, 27, 75 unten, 76, 77 oben, 141, 142, 158, 159 oben links, 159 unten, 160, 161, 162 oben rechts, 162 unten, 192, Archiv Günther Schwarberg; S. 26 oben, 75 oben, 77 unten, 162 oben links, STERN; S. 78, Stefan Cieslak, Stettin; S. 159 oben rechts, Interpress, Warschau

Wir senden Ihnen gern unser kostenloses Gesamtverzeichnis zu:
Steidl Verlag, Düstere Straße 4, D-37073 Göttingen

98 99 00 01 9 8 7 6 5 4 3 2 1

Umschlaggestaltung: Klaus Detjen
Satz, Druck, Bindung:
Steidl, Düstere Straße 4, D-37073 Göttingen
Gedruckt auf Öko 2001 RC-Papier
zur ökologischen Buchherstellung
(80 Prozent Altpapier, 20 Prozent Durchforstungsholz
aus nachhaltiger Forstwirtschaft,
ohne Färbung, ohne optische Aufheller)
Printed in Germany
ISBN 3-88243-590-9

Inhalt

Der Mann, der die »Cap Arcona« versenkte

Der Mann heißt Rumbold. Martin Trevor Scott Rumbold. Geboren ist er 1922 in der Kleinstadt Beckenham in Kent, ungefähr 120 Kilometer südlich von London. Er ist niemals in eine andere Stadt gezogen, außer im Krieg.

Martin Trevor Scott Rumbold ist ein freundlicher Herr. Ein wenig beleibt. Er steckt voll englischer Scherze. Die Leute mögen ihn gern, seine Nachbarn, wenn er mit ihnen über die Herbststauden seines Gartens spricht. Es macht ihm Spaß, er liebt das Leben. Vor seiner Pensionierung hat er Computer verkauft. Seine Frau heißt Majorie. Von Zeit zu Zeit fliegen sie nach Florida, um ihren Sohn zu besuchen. Der arbeitet in den USA als Wirtschaftsberater. Verheiratet, zwei Kinder. Martin und Majorie bringen ihren Enkelkindern Berge von Geschenken mit.

In einem Schrank verwahrt Martin Rumbold ein paar Fotos aus der Kriegszeit. Darunter ist das Bild eines großen gekenterten Schiffes. Im Schrank liegt eine Fahne der 263. Staffel der Royal Air Force mit den Unterschriften aller Piloten. Sein Logbuch liegt dort. Darin sind alle Einsätze eingetragen, die er während des Krieges gegen Deutschland geflogen ist.

Unter dem 3. Mai 1945 stehen zwei Eintragungen: »1. Abortive shipping strike, flying time 1.30 hours, 860 lb. rockets fired - landed B 150.« Und: »2. Flying time 1.20 hours - Good fire going after attack.«

Auf deutsch: 1. Abgebrochener Luftangriff auf Schiffe, Flugzeit 1 Stunde 30 Minuten, 860 Pfund Raketen abgefeuert - gelandet auf Feld B 150. Und: 2. Flugzeit 1 Stunde 20 Minuten. - Gutes Feuer entwickelte sich nach dem Angriff.

Der Mann namens Trevor Scott Rumbold hat sich Jahrzehnte lang nicht dafür interessiert, was dieses »gute Feuer« verzehrt hat. Nach 37 Jahren erfährt er, daß dieses gute Feuer siebentausend Menschen getötet hat. Er, der freundliche Herr Martin Trevor Scott Rumbold, hat mit seinen Raketenschüssen die größte Schiffskatastrophe in der Geschichte der Menschheit ausgelöst.

Nicht er allein. Don Saunders war dabei. Und Peter West. Und Pierre Clostermann. Und ein paar andere Piloten der Royal

Air Force. Keiner von ihnen wußte, was damals wirklich geschah, als sie auf die Schiffe feuerten. Die 7500 Menschen hatten auf niemanden so gewartet wie auf die, von denen sie nun in den Tod geschickt wurden.

Und Sie, die Sie dies lesen, wissen Sie es denn? Wissen Sie, daß sich dies nicht in einem fernen Meer zugetragen hat, sondern in der Lübecker Bucht? Dort lagen drei Schiffe, auf denen waren zehntausend Gefangene aus deutschen Konzentrationslagern zusammengedrängt. Sie warteten auf die englischen Truppen und auf den Tag ihrer Befreiung. Doch die Engländer, die zu ihnen kamen, schossen mit Raketen auf sie.

Vier freundliche alte Herren

Die Greise sind freundlich und sprechen von der guten alten Zeit, in der sie in ihre »Typhoon« und »Tempest« kletterten. Damit schossen sie deutsche Lokomotiven ab oder Lastwagen. »Ehrlich«, sagt Martin Rumbold, »wir haben damals nicht viel an die Leute auf den Schiffen gedacht. Auch nicht an Eltern und Freunde und ob das richtig ist, was wir da tun. Wir haben unsern Job getan, so gut wie möglich.«

Immerhin ist der Job tausendmal interessanter als das, was Martin Rumbold vorher getan hat: Mit 17 hatte ihn sein Vater in das Versicherungsbüro »Phoenix« gesteckt. »Das langweilte mich entsetzlich. Eines Tages ging ich in das Rekrutierungsbüro der Royal Air Force. Das lag ganz nah bei meinem Versicherungspalast. Ich meldete mich als Freiwilliger. Das war 1940.«

Statt Langeweile gibt es in Uxbridge bei London einen Pilotentest und in Newquay in Cornwall die Grundausbildung in Navigation, Radio und Schießen. Dann schicken sie Martin Rumbold in die USA nach Florida. Dort lernt er fliegen. Als Zivilist, denn noch hat Hitler den Vereinigten Staaten von Amerika nicht den Krieg erklärt. Noch müssen die englischen Piloten bei ihren Übungen in den USA Zivil tragen, um den Schein der amerikanischen Neutralität zu wahren. Genau wie amerikanische Piloten in England britische Uniformen tragen.

Dann fliegt Martin Rumbold in »Hurricanes« und »Spitfires« in der Schlacht von El Alamein in Nordafrika und bekommt das »Distinguished Flying Cross« für herausragende Flugleistungen. Das ist 1942. Ein Jahr später fliegt er Einsätze bei der Invasion in Sizilien und Italien. Wieder ein Jahr später wird Martin Rumbold zu Hause in England an den Typhoons ausgebildet. Das sind damals die modernsten britischen Kampfflugzeuge, und Martin Rumbold lernt als einer der ersten Piloten das Raketenschießen. Er lernt es gut und bewährt sich 1944 während der alliierten Invasion an der Atlantikküste. Die Royal Air Force macht ihn zu ihrem jüngsten Staffelkapitän.

Er rückt mit den Engländern immer weiter nach Deutschland vor. Schließlich wird er in Ahlhorn bei Oldenburg stationiert. Dort ist ein Fliegerhorst der deutschen Luftwaffe gewesen. Er war durch die Angriffe der Royal Air Force schwer beschädigt und von den Engländern notdürftig wieder hergerichtet.

Am Mittag des 3. Mai 1945 startet er von Ahlhorn zu dem Angriff auf die Schiffe, der mit einem »guten Feuer« endet.

Auch der Krieg endet damit für Martin Trevor Scott Rumbold. Es ist sein letzter Einsatz. Einige Zeit sitzt er noch in einem Stabshauptquartier in Blankenese, über der Elbe bei Hamburg. Dann fliegt er nach England zurück und wird demobilisiert.

Er ist damals 22 Jahre alt. Eine Freundin hat er nicht. Zwei Jahre später lernt er Majorie kennen und heiratet sie sofort. Sie kaufen sich in Lewisham im Süden von London eine kleine Kneipe, einen Pub. Aber das ist nichts für die beiden. Bald geben sie die Kneipe wieder auf. Nun kommt die Langeweile der frühen Jahre zurück und wird zum Lebensschicksal für Martin Rumbold: Er arbeitet als untergeordneter Angestellter unter ein paar übergeordneten Chefs in einem großen Büro. Zuerst bei einer Chemiefirma, dann bei einem Computervertrieb. Gelegentlich liest er nostalgisch in seinen Logbüchern, gelegentlich trifft er sich mit seinen früheren Pilotenkameraden, der zweimal ausgezeichnete Fliegerheld. Den Namen »Cap Arcona« hat er erst 35 Jahre nach der Katastrophe von Neustadt gehört.

◀ *19. November 1927: Jungfernreise des Schnelldampfers »Cap Arcona« von Hamburg nach Rio de Janeiro und Buenos Aires*

▲ *20. Dezember 1935: Ein Sonderangebot für die Weihnachts- und Silvesterreise mit der »Cap Arcona« von Hamburg nach Madeira*

Das Schiff der Reichen – die »Cap Arcona« – läuft in Rio de Janeiro ein
▼

Als der Zeitungshändler ein Jagdflieger war

Jeden Morgen zur gleichen Zeit öffnet Don Saunders seinen Zigarettenladen in der Parliament Road in Middlesbrough. Das ist eine stinkende Industriestadt in Nordengland mit einem Hafen. An zwei Nachmittagen in der Woche, am Mittwoch und am Sonntag, bleibt der Laden geschlossen, und dann fährt Don Saunders mit Margrith, seiner Frau, in sein Paradies. Das liegt dreißig Meilen entfernt, in Beadlam, südlich des großen Hochmoores. Dort steht sein kleiner Bungalow mit einem weiten Blick vom Hügel über die nordenglische Ebene. Don zieht dort Rosen, Sorte New Dawn. Und jeden Abend geht er ins »White Horse«, to get drunk. Um sich einen anzutrinken. Ihm stinkt das Leben als Zeitungshändler in der stinkigen Stadt, und seit Jahren will er es aufgeben.

Seine Frau Margrith hat früher als Lehrerin an der Volkshochschule gearbeitet. Sie hatte sich mehr erwartet von diesem Leben, als sie 1946 ihren Don vom Feldflugplatz abholte, um ihn zu heiraten. Er hatte ihr gesagt, er werde sich nie wieder in eine Maschine setzen nach dem, was er erlebt habe. Er hat sich nie wieder in eine Maschine gesetzt. Dabei hat er erst 36 Jahre später erfahren, daß er mit den Raketen seiner Typhoon Tausende Gefangene umgebracht hat. Arme Teufel, die auf ihn gewartet hatten. Er hatte ihnen die Freiheit bringen sollen, und er hat ihnen den Tod gebracht. 36 Jahre hat er das nicht gewußt, und als er es hätte wissen können, da war er 21 gewesen.

Der Franzose Pierre Clostermann war 24 Jahre alt, als er zum französischen Fliegerhelden aufstieg. Im Gegensatz zu Don Saunders ist er sein Leben lang bei den Flugzeugen geblieben. Ein reicher Mann. Lange Zeit Abgeordneter der französischen Nationalversammlung. Konservativ. Ritter der Ehrenlegion. Vizepräsident der »Cessna Aircraft Corporation«. Generaldirektor der »Reims Aviation«. Über seinem Schreibtisch hängt das signierte Foto von Charles de Gaulle.

Der Reichtum ist ihm in den Schoß gefallen. Sein Vater war französischer Botschafter in Brasilien, Uruguay, Argentinien, Chile. Auf dem Gut seiner Großeltern trafen sich die Reichen. De Gaulle hat dort Golf gespielt. Winston Churchill hat dort gewohnt. Harry Truman war zu Besuch. Dwight Eisenhower hat eine Stippvisite gemacht. Pierre Clostermann hat seinen Lebensstil aus der Sphäre der Leute, die immer schon reich waren. Ein sportiver Businessman, der in seiner Freizeit mit dem Landrover zum Fischen fährt. Darüber hat er ein Buch geschrieben: *Die großen Fische.* Er ist selbst einer. Bekannt wurde er durch sein anderes Buch, *Die große Arena – Erinnerungen eines französischen Jagdpiloten in der RAF.* Darin vergleicht er sich mit den Nazi-Fliegern Galland und Rudel. Bescheidenere Leute wie Don Saunders haben Pierre Clostermann »das Großmaul« genannt.

Er hat sich mit den extremen Rechten angefreundet. Das deutsche Nazi-Idol Rudel war auf seinen Werbefeldzügen für die Nationalisten bei Clostermann zu Gast. Es gibt ein Foto, das drei alte Haudegen zeigt: Clostermann, Rudel und den Tod-im-Reisfeld-Typ Peter Scholl-Latour.

Ganz anders ist Peter West. Der hält immer Distanz, ist ein Gentleman. Zurückhaltend, fair, Cricketspieler, Berufspilot. Er ist, wie Pierre Clostermann, sein Leben lang dem Flugzeug treu geblieben. Nicht als Direktor, Fabrikant oder Hobbyflieger, sondern als Offizier der Royal Air Force. 1968 wird er pensioniert, aber er trägt weiter die dunkelblaue Krawatte mit den kleinen roten Flugzeugmustern, die nur Piloten mit mehr als tausend Stunden Kampfeinsatz tragen dürfen. Er hat sich einen Landsitz gekauft, Hill Cottage. Das Landhaus auf dem Hügel. Gelegen bei Torrington in einer lieblichen Landschaft Südwestenglands am Naturpark in Devon. Auch als alter Herr ist Peter West ein Sportsman geblieben, Clubgänger, Royalist, viel jünger wirkend. Oft sitzt er über seinen Bordtagebüchern aus dem Krieg. Die Seite vom 3. Mai 1945 zeigt sechs Eiserne Kreuze: Sechs Abschüsse deutscher Flugzeuge an einem Tag. Peter West war damals 25 Jahre alt.

Fliehen die Nazi-Führer nach Norwegen?

Am 3. Mai 1945 werden die englischen Piloten um vier Uhr morgens geweckt, die Sonne ist noch nicht hoch. In Ahlhorn wie in Faßberg ist es die gleiche Zeremonie wie überall, wo die Royal Air Force liegt. Ein Soldat der Militärpolizei kommt herein: »The morning tea, Sir«, und stellt den Piloten einen Becher mit dünnem Tee neben das Bett. Um fünf Uhr morgens muß sich Staffelkapitän Rumbold im Operations Room melden, der Einsatzzentrale. Sie ist in einem großen Wohnwagen untergebracht. Die Gebäude des Flugplatzes Ahlhorn sind fast alle von Bomben zerstört. Der Nachrichtenoffizier gibt Rumbold das »briefing« über das Einsatzziel: die große Schiffskonzentration in der Ostsee.

Rumbold erinnert sich: »Wir hatten schon Tage vorher einen Geheimbericht erhalten, daß die Nazi-Führer sich nach Norwegen absetzen wollen. Das war das letzte Land, außer Dänemark, das sie noch unter Kontrolle hatten. Von dort wollten sie den Kampf fortsetzen.«

Eine Falschmeldung. Sie hält sich bis heute in den englischen Veröffentlichungen über die letzten Kriegstage. Und natürlich auch in den Köpfen. In der offiziösen Geschichte der englischen Luftwaffe, *Royal Air Force* von Hillary St. G. Saunders, steht:

»Am 3. Mai sandte Dönitz, der die Nachfolge Hitlers nach dessen Selbstmord am 30. April angetreten hatte, Bevollmächtigte in Montgomerys Hauptquartier in der Lüneburger Heide. Zu dieser Zeit und auch schon eine Zeitlang vorher hatte die Führer Deutschlands, hohe wie niedere, Panik ergriffen. Auf der Suche nach Fluchtmöglichkeiten starrten sie sehnsüchtig über die Ostsee nach Norwegen. Dorthin wollten sie fliehen, und zu diesem Zweck versammelten sich große Konvois, alles in allem ungefähr 500 Schiffe, in den großen Buchten von Lübeck und Kiel. Zeitweilig schien es möglich, daß sie nicht nur zu fliehen beabsichtigten, sondern auch den Kampf fortsetzen wollten. Beim Auslaufen wurden diese Konvois sofort von Flugzeugen der Zweiten Taktischen Luftflotte angegriffen. Es wurden alle Anstrengungen unternommen, um die letzte verzweifelte Bewegung zunichte zu machen, während man annahm, daß aller Wahrscheinlichkeit nach eine gewisse Zahl höherer Nazi-Führer an Bord einiger dieser Schiffe war.«

Der Befehl 263, den Staffelkapitän Rumbold für seine »Birthday Squadron« bekommt, heißt: »Operationsbefehl Nr. 71. Luftaufnahmen zeigen ausgedehnte feindliche Schiffsbewegungen, auslaufend aus Häfen in Schleswig-Holstein. Das Ziel ist, diese Schiffsansammlungen während des ganzen Tages in einem Gebiet westlich der Insel Poel zu zerstören.«

Rumbold informiert die sieben anderen Piloten seiner Staffel über das Ziel und die Route. Dann klettern sie in Jeeps und werden auf das Rollfeld gefahren. Die Motoren sind schon warmgelaufen. Nacheinander steigen die acht Typhoons in die Luft. Jede Maschine hat acht Raketen unter den Tragflächen.

Der Komfort des Feindes

Während Rumbold mit seiner Staffel schon in der Luft ist, frühstücken 130 Kilometer östlich die Piloten des 122. Geschwaders noch in der komfortablen Offiziersmesse von Faßberg. Hier ist nichts zerstört. Die deutsche Luftwaffe hat einen Luxus zurückgelassen, den die Piloten der Royal Air Force nicht gewohnt sind. »Schwimmbecken, Kegelbahnen, ein Kino, Billardräume, Bierkeller, Musikzimmer, Büchereien und prächtige Möbel gehörten zu der behaglichen Ausrüstung, die die Deutschen ihrer Luftwaffe gegeben hatten«, schreibt der britische Kriegskorrespondent Roger Montgomery in der Zeitschrift *Aeronautics*. »In England lebte die Royal Air Force in Wellblechbaracken, jahrelang. Ich habe nie eine englische Offiziersmesse gesehen, die mit denen der Luftwaffe vergleichbar gewesen wäre ... Die Männer, die jetzt hier eingefallen waren, machten das Beste aus den Nazi-Gebäuden, schliefen in Nazi-Betten und benutzten Nazi-Badezimmer, die besser waren als irgend etwas, das sie seit langer Zeit gehabt hatten.«

Am Hauptgebäude in Faßberg steht noch der Spruch »Errichtet in den Jahren 1933/35 unter der Regierung Adolf Hitlers.« Da schlafen diese englischen Piloten zum erstenmal nicht mehr in Zelten, sondern in richtigen Betten einer richtigen Steinkaserne. Aus der Küche bekommen sie zum erstenmal wieder reichliches warmes Essen. Das 122. Geschwader ist ein spartanisches Leben gewohnt, und mit einer »Übung Sparta« sind sie auf ihr Leben in Frankreich und Deutschland nach der Invasion und nach einem möglichen Abschuß hinter der deutschen Front vorbereitet worden. Im März 1943 haben sie zehn Tage lang nur winzige Portionen Notverpflegung bekommen: »Die Übung sollte jeden einzelnen auf das harte Leben in der freien Natur vorbereiten, und zwar so abrupt wie möglich. Geschlafen wurde in Zelten, ohne Bettdecken, ohne Öfen, ohne Matratzen, Teppiche und dergleichen. Gegessen wurden winzige Portionen Corned Beef und Kekse. Das alles in der frischen Märzluft, denn Kantinenzelte gab es nicht. Die Fleischdosen waren gestempelt mit der Jahreszahl 1915. Die Kekse hatten ein ähnlich ehrwürdiges Alter. Eingesperrt in ein unbeleuchtetes, ungeheiztes, abgeschiedenes Lager, waren die Lebensbedingungen rigoroser als in der späteren Wirklichkeit auf dem Kontinent.« So steht es später im Geschwader-Tagebuch.

Das ist noch in Zeals in Somerset, bevor das 122. Geschwader in den Invasionseinsatz kommt. Über Flugplätze in der Normandie, über Grimberghen in Belgien, Volkel in Holland und Hopsten bei Rheine sind sie nach Faßberg gekommen. Je weiter sie nach Norden gelangen, um so schneller nähern sie sich dem Ende des Krieges. An diesem Morgen des 3. Mai 1945 ahnen sie, es werde ihr letzter Kampftag sein.

Dann starten auch sie. Wie die Typhoons aus Ahlhorn fliegen auch die Tempests aus Faßberg Richtung Schleswig-Holstein. Das Wetter ist schlecht. Wolkenuntergrenze 1000 bis 2000 Fuß, also 300 bis 600 Meter. Gelegentliche Schauer, besonders in Küstennähe. Sicht im Laufe des Vormittags allmählich verbessernd bis auf rund zehn Kilometer.

Ein Angriff auf die Schiffe ist unter diesen Bedingungen nicht möglich. Statt dessen heißt nun der Kampfauftrag: »Greifen Sie militärische Transporte im Gebiet von Schleswig an!«

Saunders erinnert sich: »Ich war 1481561 Stabsfeldwebel D. G. Saunders. Ein Jeep brachte uns zur Nachrichtenabteilung, wo uns der Nachrichtenoffizier erklärte, was zu erwarten sei. Wir starteten, als es hell wurde, und wir flogen zuerst einen Einsatz in das Gebiet von Plön.«

In Plön ist in der Nacht zuvor der neue »Führer« des Großdeutschen Reiches, Hitlers Nachfolger Großadmiral Karl Dönitz, vor den heranrückenden Engländern aus seinem Stabsquartier aufgebrochen, um weiter nach Norden zu flüchten. Nicht nach Norwegen, wie die englische Aufklärung vermutet, sondern nach Flensburg, in den allerletzten deutschen Winkel, der den Nazis noch bleibt. Und die Flottenkonzentration in der Ostsee soll auch nicht, wie die Engländer denken, zur Flucht vieler großer und kleiner Nazi-Führer nach Norden dienen, sondern zum Rücktransport der geschlagenen deutschen Wehrmacht von Ost nach West, von den Russen zu den Engländern und den Amerikanern.

»Schon der Start hatte sich durch die überaus starke Jabotätigkeit[1] des Feindes verzögert«, schreibt Dönitz-Adjutant Lüdde-Neurath in seinem Buch *Regierung Dönitz*[2]. Und, unwahr: »In unmittelbarer Nähe unserer Plöner Baracken waren neben eigenen Fahrzeugen auch schwedische Autobusse trotz eindeutiger und markanter Kennzeichnung durch alliierte Tiefflieger vernichtet worden.[3] Wir selbst - Dönitz, Schwerin-Krosigk[4] und ich - rollten nun in unserer fünf Tonnen schweren

---

1 Jabo = Jagdbomber

2 Walter Lüdde-Neurath, *Regierung Dönitz,* Druffel-Verlag Leoni 1981, S. 63

3 Das Schwedische Rote Kreuz hat gegen Ende des Krieges eine Rettungsaktion für skandinavische Häftlinge aus deutschen Konzentrationslagern organisiert. Die Busse sind weiß gestrichen und mit großen roten Kreuzen markiert. Den Militärstäben der Alliierten werden von Stockholm aus jeweils genaue Angaben über die Bewegungen dieser Transporte gemacht. Trotzdem ist es mehrere Male zu einem irrtümlichen Beschuß der Rotkreuz-Busse gekommen. Am 20. April 1945 ist der Transport von Deutschland nach Dänemark abgeschlossen, und kein schwedischer Bus ist mehr in Deutschland. Die Behauptung von Lüdde-Neurath, es seien am 2. Mai 1945 in Plön schwedische Busse vernichtet worden, ist falsch.

4 Lutz Graf Schwerin von Krosigk ist von Dönitz als Leiter der Geschäftsführenden Reichsregierung unter Führung der Geschäfte des Reichsaußen- und Reichsfinanzministers eingesetzt, wird am 23. Mai 1945 verhaftet und am 11. April 1949 im »Wilhelmstraßenprozeß« zu zehn Jahren Haft verurteilt, aber schon im Januar 1951 wieder freigesetzt.

Mercedes-Panzerlimousine dem Ziel Flensburg zu. Der Wagen, ein Geschenk – und ein Befehl – Hitlers, galt zwar als attentatssicher, doch wies er gegen die neuzeitliche Gefährdung der Insassen durch Bordwaffenbeschuß aus der Luft keinerlei Schutz auf. So waren wir mehrfach gezwungen, anzuhalten und auszusteigen. Erst gegen 03.00 Uhr morgens erreichten wir unser Ziel« – drei Stunden vor dem Start der Typhoons in Ahlhorn und der Tempests in Faßberg.

Don Saunders, hoch in der Luft über Plön, notiert: »Unser Einsatz dauerte eine Stunde und zehn Minuten. Ich zerstörte zwei mechanische Transporte am Boden, Lokomotive und Lastwagen. Zusammen mit Fliegerleutnant Longley, der wie ich eine Tempest flog, schoß ich einen Fieseler Storch ab. Dann kehrten wir nach Faßberg zurück und nahmen unser Frühstück ein.«

Auch Peter West kommt zu dieser Stunde von seinem ersten Einsatz zurück, auch er fliegt eine Tempest. Von dieser einsitzigen Jagdmaschine schwärmen die alten Piloten heute noch.

Er berichtet, was er bei diesem ersten Einsatz beobachtet hatte: »Wir flogen über die Küste der Lübecker Bucht. Es war unglaublich, wie viele Schiffe dort lagen. Bis zu diesem Tage hatten wir kaum je deutsche Schiffe gesehen. Nun sahen wir plötzlich Schiffe jeder Art, Transporter, Patrouillenboote, Unterseeboote. Ich kann mich genau erinnern, daß ich eine lange Kette U-Boote hintereinander gesehen habe.«

Was sie alle nicht gesehen haben, sind die Typhoon-Staffeln Rumbolds und Baldwins, die im selben Gebiet wie sie operieren. Aber die Wolken hängen so niedrig an diesem Morgen, die Sicht über See ist so schlecht, daß beide Staffelkapitäne sich entschließen, die Flüge abzubrechen. Rumbold erinnert sich, daß sie – wie die Staffeln aus Faßberg – an diesem Morgen Militärtransporte auf den Straßen beschossen. Am späten Vormittag landen sie wieder in Ahlhorn. Sie geben ihre Meldungen ans Hauptquartier der Zweiten Taktischen Luftflotte nach Süchteln durch.

In Faßberg starten sie inzwischen zu einem zweiten Einsatz. Diesmal nach Kiel. Don Saunders: »Wir erhielten einen neuen Einsatzbefehl, und ich wechselte die Maschine. Warum, weiß ich heute nicht mehr genau. An diesem Tage flog ich jedenfalls drei verschiedene Maschinen, während ich normalerweise ein und dieselbe flog. Wahrscheinlich hatte meine Maschine einen Motorschaden. Unser Befehl hieß, auf alles zu schießen, was sich bewegt.«

Wieder schießen sie Lokomotiven ab. Das 122. Geschwader hat in dieser Zeit den Spitznamen des »Lokomotiven-Geschwaders« bekommen.

Mit dem rauhen Humor der Kampfpiloten haben sie einen Report über einen solchen Einsatz gegen die Züge geschrieben: »Leutnant Thiele wurde von der Flak getroffen, als er eine Lokomotive angriff. Er stieg aus und landete mit seinem Fallschirm im Bahnhof. Unglücklicherweise war der Bahnsteig überfüllt mit Heinis, die in aller Ruhe auf den Zug warteten. Als Jimmy Thiele mitten unter ihnen landete und ihnen dadurch die Hoffnung auf eine pünktliche Abfahrt nahm, wurden die Leute ernsthaft ärgerlich und wollten ihn zuerst unter einen vorbeifahrenden Güterzug treiben. Nachdem er aus dieser unangenehmen Lage gerettet war, plauderte er einige Worte mit dem 19jährigen Flakjüngling, der ihn heruntergeholt hatte, und dann wurde er zur Internierung weggebracht... Doch bald kamen zwei bewaffnete amerikanische Fahrzeuge ins Lager, und die Deutschen gaben auf, obwohl den Amerikanern niemand folgte. Thiele und ein anderer Offizier nahmen sich zwei Fahrräder und fuhren zu unserem Einsatzflughafen zurück.«

Auch aus dem Einsatz bei Kiel kommen alle Piloten heil nach Faßberg zurück. Dann fliegen sie nach Krempe, einem Marktflecken zwischen Elmshorn und Itzehoe. Dort haben sich auf den Landstraßen große Truppenverbände gesammelt, die nach Norden ziehen. Und schließlich kommt ein vierter Einsatz, wieder nach Krempe.

Zu dieser Zeit beherrschen die englischen Tiefflieger den ganzen deutschen Luftraum. Jetzt sind es nicht mehr die Bomber, die den Deutschen das Leben schwer machen, jetzt sind es die Tiefangriffe.

900 Bomber zerstören Helgoland

Der Bombenkrieg ist inzwischen eingestellt worden. Statt des »Bomber Command« des Luftmarschalls Harris wird der Luftraum über dem geschlagenen Deutschen Reich nun von den Maschinen des »Fighter Command« beherrscht. An der Küste ist es das »Coastal Command«.

Winston Churchill selbst hat den Befehl für diese Änderung gegeben. Die Ursache ist Dresden. Keine andere Stadt in Deutschland ist so furchtbar zugerichtet wie diese. Es war nicht nur ein letzter Schlag gegen die Deutschen, es war eine Demonstration britischer Kampfkraft gegen die Russen – so wie ein halbes Jahr später am 6. August 1945 die Zerstörung Hiroshimas durch die amerikanische Atombombe.

Die Engländer wollen Stalin ihre Kampfstärke und ihre Kampfentschlossenheit vorführen. Luftmarschall Sir Arthur Harris hat es in seinem Befehl angedeutet: »Dresden, die siebtgrößte Stadt in Deutschland und nicht viel kleiner als Manchester, ist auch das bei weitem größte bebaute und bisher nicht bombardierte Gebiet des Feindes. In der Mitte des Winters, überfüllt mit westwärts strömenden Flüchtlingen und Truppen in Ruhestellung, sind Dächer sehr gesucht, nicht nur als Unterkunft für Arbeiter, Flüchtlinge und gleichermaßen für Soldaten, sondern auch zur Unterbringung von Verwaltungsstellen, die anderswo ausgebombt wurden.

Während Dresden früher weltberühmt war für sein Porzellan, hat sich die Stadt zu einem Industriezentrum erster Ordnung entwickelt, und wie jede andere Großstadt mit ihrer Vielfalt von Telefon- und Bahnverbindungen ist sie von großem Wert für die Organisation der Verteidigung an jenem Frontabschnitt, der jetzt durch den Durchbruch Marschall Konjews bedroht ist. Die Ziele unseres Angriffs sind, den Feind dort zu treffen, wo er es am meisten fühlt, hinter einer schon teilweise zusammenbrechenden Front, den Einsatz der Stadt gegen den weiteren Vormarsch zu verhindern *und gleichzeitig auch den Russen, wenn sie eintreffen, zu zeigen, was das ›Bomber Command‹ kann.«*

In den Nächten vom 13. bis zum 15. Februar 1945 zeigt das »Bomber Command« gemeinsam mit der 8. amerikanischen

Luftflotte den Russen, wie man eine Stadt total zerstören kann. Churchill distanziert sich. Am 28. März 1945 sendet er den Chefs der Generalstäbe ein Memorandum: »Ich meine, der Augenblick ist gekommen, an dem die Bombardierung deutscher Städte mit dem einzigen Ziel, den Terror zu verstärken, wenn auch unter anderem Vorwand, überprüft werden muß. Sonst werden wir in den Besitz eines total zerstörten Landes kommen. Beispielsweise werden wir aus Deutschland kein Baumaterial für unsere eigenen Bedürfnisse abziehen können, denn einige zeitweilige Maßnahmen müssen auch für die Deutschen selbst getroffen werden. Die Zerstörung von Dresden weckt ernsthafte Zweifel an der Leitung der alliierten Bombardements. Ich bin der Ansicht, daß künftige militärische Ziele besser ausgewählt werden müssen, und zwar in unserem eigenen Interesse mehr als im Interesse des Feindes. Der Außenminister hat mit mir über diese Angelegenheit gesprochen, und ich stimme der Notwendigkeit zu, künftig eine präzisere Konzentration auf militärische Ziele vorzunehmen, beispielsweise auf Treibstofflager oder Verkehrswege unmittelbar hinter der Front, statt auf reine Terrorakte und böswillige Zerstörung, auch wenn sie eindrucksvoll sind.«[5]

Im ganzen Krieg hat es eine solche Verurteilung eines der höchsten Offiziere Englands nicht gegeben. Nach getanem Werk, nachdem Deutschlands Städte bis zur Unkenntlichkeit zerstört (5 700 000 Häuser vernichtet) und viele ihrer Bewohner getötet sind (593 000 Zivilisten wurden Bombenopfer), zieht der Politiker Churchill sich von der Verantwortung dafür zurück und wirft Bomber Harris »reine Terrorakte« und »böswillige Zerstörung« vor. »Die Rolle, die das ›Bomber Command‹ im Krieg gespielt hatte, wurde von vielen Politikern lieber vergessen«, kommentierte der britische Luftkriegshistoriker Max Hastings die Situation.

Einen Tag nach Churchills Schelte schreibt »Bomber-Harris« einen bösen Brief an Luftmarschall Sir Norman Bottomley im Ministerium: »Die Unterstellung, wir hätten deutsche Städte ›mit dem einzigen Ziel, den Terror zu verstärken‹ bombardiert,

5 Zitiert nach Max Hastings, *Bomber Command,* London 1981, S. 413

und unsere Offensive ›reine Terrorakte und böswillige Zerstörung‹ zu nennen, ist eine Beleidigung der Bomber-Politik des Luftfahrtministeriums wie auch der Art, in der diese Politik vom ›Bomber Command‹ ausgeführt wurde ... Die Einstellung zu Dresden, wie sie geäußert wird, kann leicht von jedem Psychiater erklärt werden. Sie beruht auf der Vorstellung von deutscher Musik und Dresdner Schäferinnen. Tatsächlich war Dresden eine Ansammlung von Munitionsfabriken, ein intaktes Regierungszentrum und ein Verkehrsknotenpunkt Richtung Osten. Heute ist es nichts mehr davon ... Tatsächlich geht es darum, ob unsere strategische Bomber-Politik verurteilt wird und ob sie jetzt abgebrochen werden soll ... Die einzige Frage, die ich zu beantworten habe, ist diese: Würde eine ›präzisere Konzentration auf militärische Ziele, beispielsweise auf Treibstofflager oder Verkehrswege unmittelbar hinter der Front‹ den Krieg eher verkürzen als die Fortsetzung der Angriffe auf Städte? ... Wir haben in dieser Frage überhaupt keine freie Wahl. Die Wetterbedingungen zwingen mich, zwischen Angriffen auf Städte und gar keinen Angriffen zu entscheiden. Unter diesen Umständen ist es klar, daß ich mich dafür entscheide, Städte anzugreifen ... Man kann wohl kaum davon sprechen, daß Angriffe auf Städte künftig keine Störung der deutschen Kriegsanstrengungen mehr bedeuten. Das Gegenteil ist der Fall. Je näher Deutschland dem Zusammenbruch ist, um so weniger wird es in der Lage sein, solche Störungen wieder auszugleichen, und logischerweise sollten wir deshalb besondere Anstrengungen machen, die wenigen Städte auszumerzen, die noch mehr oder weniger funktionieren. Für mich persönlich sind alle verbleibenden deutschen Städte weniger wert als die Niere eines einzigen britischen Infanteristen ... Außerdem bleibt Japan. Entweder bombardieren wir ihre Städte flach – wie in Deutschland – und geben den Armeen freien Weg – wie in Frankreich oder Deutschland – oder wir bomben nur ihre Fabriken in den Außenbezirken (die meisten sind ohnehin unterirdisch) und lassen uns die Invasion folglich drei bis sechs Millionen Tote und Verletzte kosten.«

Als er schreibt, man solle Japans Städte flachbomben, weiß »Bomber-Harris« schon von der amerikanischen Atombombe.

Die Antwort Churchills ist typisch: Er gibt keine. Statt dessen befiehlt er am 16. April 1945 die Einstellung des Bombenkrieges gegen Deutschland, den künftigen Verbündeten gegen die Sowjetunion. Er distanziert sich von Harris, der am Ende des Krieges sofort aus der RAF entlassen und nur zweitklassig ausgezeichnet wird. Er distanziert sich außerdem auf diese Weise im voraus von dem amerikanischen Bombenangriff auf Hiroshima.

Typisch für ihn ist auch das »Trostpflaster«, das er den gekränkten Chefs der Royal Air Force zugesteht: »Bomber-Harris« darf noch einmal zuschlagen, militärisch vollkommen sinnlos. Am 18. und 19. April 1945 wird Helgoland von 900 Bombern angegriffen. Harris läßt auf die Insel den ganzen Rest seiner Bomben abwerfen, darunter sechs »Grand Slams« (Großer Schlag) von je 22 000 Pfund Gewicht, die zur Vernichtung ganzer Häuserblocks konstruiert sind. Es ist, als ob Harris auf diese Weise noch einmal Churchills Wort von den »reinen Terrorakten und der böswilligen Zerstörung« in die Realität umsetzen will.

Der Bombenkrieg in Deutschland ist aus. Die Menschen in den wenigen Städten des Restes vom Großdeutschen Reich zwischen Wilhelmshaven und Rostock haben keine Ahnung, warum sie nun nicht mehr jede Nacht in die Luftschutzkeller müssen. Genausowenig Ahnung haben Pierre Clostermann, Don Saunders und Peter West, Martin Rumbold und Johnny Baldwin, warum ihnen und den Männern des »Fighter Command« nun die Luft über Deutschland überlassen ist, während die Kameraden des »Bomber Command« nach England zurückverlegt werden.

Noch eine schwerwiegende Folge hat dieser Rückzug des »Bomber Command«: Die Luftaufklärer dieses Kommandos haben die beste Kenntnis von allen Vorgängen und Veränderungen im Deutschen Reich. Sie wissen immer genau, wo Konzentrationslager sind und wo deshalb nicht bombardiert werden darf. Nicht eine einzige Bombe ist zum Beispiel auf das KZ Neuengamme bei Hamburg gefallen. Die Maschinen der Royal Air Force haben sogar im Tiefflug über dem Lager mit den Tragflächen gewackelt, um den Gefangenen auf dem Appellplatz Hoffnung zu machen.

Wo ist das KZ geblieben?

Nun sind andere für die Luftaufklärung zuständig, und nach anderen Gesichtspunkten wird aufgeklärt. Die Offiziere, die im Hauptquartier der Zweiten Taktischen Luftflotte in Süchteln Operationsbefehle geben, wissen wenig von den Gefangenentransporten von Hamburg Richtung Norden.

So kommt es zu dem Einsatzbefehl Nummer 71 vom 3. Mai 1945: »Zerstörung der feindlichen Schiffsansammlung im Seegebiet westlich der Insel Poel und nördlich bis zur Grenze des Sicherheitsgebiets.« Zur Begründung wird gesagt: »Die Aufklärung zeigt eine große Konzentration von Schiffen in der Lübekker Bucht, die sich generell in Richtung Norden bewegen. Während der Feind im Besitz seiner gesamten verbliebenen Flotte an Kriegs- und Handelsschiffen ist, befindet sich keines der Schiffe Seiner Majestät in diesem Gebiet, um ihnen den Weg zu verlegen.«

Am Vormittag überfliegt eine einzelne Maschine die Gefangenenschiffe. Squadron Leader Laurence Stark entdeckt die »Cap Arcona«: »Ich griff ein kleines Motorschiff an, das an diesem Morgen aus Lübeck auslief, und dann beobachtete ich drei große Schiffe, die in der Bucht ankerten. Sie schienen nicht unter Dampf zu sein, und weil der Krieg zu Ende ging und Mangel an Schiffsraum herrschte, meldete ich meine Beobachtung der Intelligence, damit sie verschont wurden. Später war ich überrascht zu erfahren, daß eine andere Squadron den Befehl erhalten hatte, sie anzugreifen.«

Auch F. G. Parson, damals Adjutant von General Sir Evelyn Barker, Kommandant des 8. Corps, erfährt, »daß zwei Hamburg-Amerika-Schiffe ... als Gefängnis für die unglücklichen Gefangenen der Konzentrationslager benutzt worden seien. Die britische Aufklärung wußte davon und warnte alle, aber unglücklicherweise griffen einige RAF Typhoons diese Schiffe an.«

Warum?

Mittags starten in Faßberg und in Ahlhorn die Staffeln. Die Tempest-Maschinen übernehmen Jagdschutz und Flakbekämpfung, um den Typhoons die Luft freizuhalten für den

▲ *3. Mai 1946: Das Wrack der »Cap Arcona« in der Neustädter Bucht*

▲ *Winter 1942: Die »Thielbek« in der Ostsee vor Finnland, an Bord Nachschub für die deutsche Wehrmacht*

September 1982: Martin Trevor Scott Rumbold mit der Fahne der 263. Staffel der Royal Air Force, die am 3. Mai 1945 den Angriff auf die »Cap Arcona« flog ►

◄ *17. Februar 1946: In London heiraten RAF-Pilot Donald (»Don«) und Margrith Saunders*

▲ *August 1982: Zeitungshändler Don Saunders und Gewerbelehrerin Margrith Saunders vor ihrem Bungalow in Beadlam/Nordengland*

▲ *März 1980: Flugzeugfabrikant Pierre Clostermann auf einem Militärkongreß in Paris*

3. Mai 1945: Im Logbuch des RAF-Piloten Peter West sind an diesem Tag sechs Einsätze eingetragen – in die Gebiete von Plön, Kiel, Krempe – gegen die Schiffe und Richtung dänische Grenze ▶

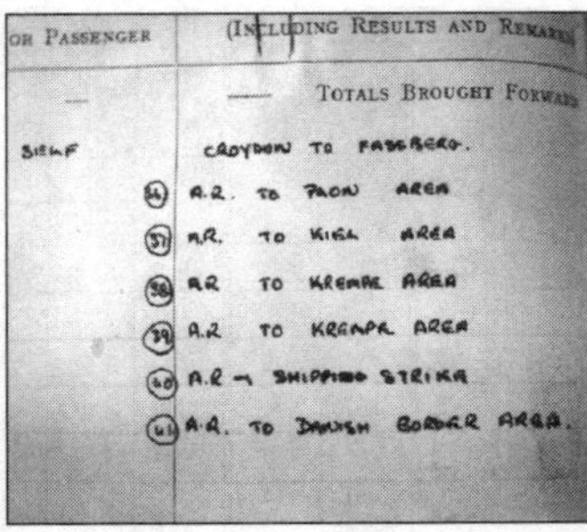

or Passenger	(Including Results and Remarks)
—	— Totals Brought Forward
SELF	CROYDON TO FASSBERG.
(36)	A.R. TO PLON AREA
(37)	A.R. TO KIEL AREA
(38)	A.R TO KREMPE AREA
(39)	A.R TO KREMPE AREA
(40)	A.R – SHIPPING STRIKE
(41)	A.R. TO DANISH BORDER AREA.

◀ *1. Mai 1945: RAF-Pilot Peter West (links) mit einem Freund auf dem Feldflugplatz Faßberg, zwei Tage vor dem Angriff auf die »Cap Arcona«*

▲ *3. Mai 1945: RAF-Pilot Peter West (Mitte der unteren Reihe) mit seinen Pilotenkameraden auf dem Feldflugplatz Faßberg*

▲ *5. Mai 1945: Die 198. RAF-Staffel mit Captain Johnny Baldwin (9. von links) vor seiner »Typhoon« auf dem Feldflugplatz Plantlünne. Nach dem Krieg geht er freiwillig in einen neuen und kämpft auf der Seite der USA gegen Korea. Seit 1952 wird er vermißt.*

Angriff auf die Schiffe. Immer noch ist die Sicht schlecht, die einzelnen Staffeln verlieren sich bald aus den Augen. Pierre Clostermann kann sich später nicht mehr daran erinnern, die Schiffe überhaupt gesehen zu haben. Um so genauer aber Peter West und Don Saunders, die aus großer Höhe beobachten, wie die Katastrophe beginnt.

Don Saunders: »Ich mußte wieder die Maschine wechseln. Diesmal hatten wir Extratanks mit, um für den Angriffsflug länger in der Luft bleiben zu können. Die Staffel wurde nun vom Geschwaderkommandanten E. D. Mackie geleitet, anstelle von Bruce Coole, unserem Staffelkapitän. Ich weiß nicht mehr, warum er nicht mitflog. Mackie flog einen Angriff, ich folgte ihm. Er beschoß eine Dornier und ich eine Junkers. Seine Dornier zerbarst in Flammen. Wir wendeten und flogen einen zweiten Angriff. Diesmal griff er eine Heinkel an, und ich beschoß noch einmal meine Junkers. Seine Heinkel zerbarst in Flammen und meine Junkers ebenfalls. Wir meldeten unsere Abschüsse und stiegen dann auf eine Höhe von 10 000 bis 11 000 Fuß. Wir hatten jetzt den Jagdschutz für die angreifenden Verbände zu übernehmen. Auf Steuerbordseite sah ich einen Verband von acht Maschinen. Ich berichtete das dem Geschwaderkommandanten Mackie, der antwortete: ›Ja, das sind Typhoons.‹ Sie flogen ein großes Schiff an, das unter uns lag, mitten in der Bucht, die ich für die Kieler Bucht hielt und von der ich heute weiß, daß es die Lübecker Bucht war. Aus 11 000 Fuß Höhe sieht selbst ein riesiges Schiff klein aus. Es war die ›Cap Arcona‹. Die Typhoons flogen direkt darauf zu. Jede Maschine hatte acht Raketen unter den Tragflächen.«

Die Opfer jubeln

Mit Ferngläsern hätten die englischen Piloten ein unglaubliches Bild gesehen: Viele hundert Menschen auf dem Deck des Schiffes winken ihnen zu. Sie schwenken Stoffetzen und halten Bettlaken hoch. Sie jubeln.

Vielleicht hätten die Piloten sogar die merkwürdige Kleidung dieser Menschen an Bord der »Cap Arcona« entdeckt:

Gestreifte Jacken und Hosen tragen sie alle, wie Pyjamas. KZ-Kleider. Aber die Piloten benutzen keine Ferngläser.

Es ist ein Schiff mit Gefangenen. Siebentausend Menschen sind an Bord der »Cap Arcona«. Nicht weit entfernt liegt die »Thielbek«, auch dort stehen die Menschen an der Bordwand und winken und jubeln ihren Befreiern zu, die dort heranfliegen. 2 800 sind es in den engen Laderäumen des Frachters. Ein drittes Schiff, die »Athen«, ist gerade in den Hafen von Neustadt eingelaufen. Auch sie hat zweitausend Gefangene an Bord und soll jetzt noch weitere aufnehmen.

Alle Gefangenen des Konzentrationslagers Neuengamme, die noch am Leben geblieben sind, haben die Nazis auf die Schiffe gebracht – mehr als zehntausend Menschen. Die englischen Flugzeuge scheinen ihnen nun die Rettung zu bringen.

Bis zu diesem Augenblick haben sie alle den Tod gefürchtet. Sie glauben, die Nazis wollen sie hier mit den Schiffen versenken. Es gibt einen Geheimbefehl: »An die Lagerkommandanten der Konzentrationslager. Die Übergabe kommt nicht in Frage. Das Lager ist sofort zu evakuieren. Kein Häftling darf lebendig in die Hände des Feindes fallen. Heinrich Himmler, Reichsführer SS.«

In der Schreibstube des Konzentrationslagers Neuengamme hat der SS-Obersturmführer Karl Totzauer[6] den Befehl angenommen. Er ist der »Geheimnisträger« in der SS-Kommandantur. Bei ihm, dem Adjutanten des KZ-Kommandanten Max Pauly, laufen alle Mordbefehle ein, wenn ein einzelner Gefangener aufzuhängen ist, wenn zweihundert sowjetische Kriegsgefangene vergast werden sollen oder wenn nun das ganze KZ zu liquidieren ist.

Während die Engländer von Westen, die Amerikaner von Süden und die Russen von Osten her immer näher an das Gebiet von Hamburg kommen, setzen sich dort die Elendskolonnen in Bewegung. Zu Neuengamme, dem größten deutschen Konzentrationslager, gehören über hundert kleine und große

6 Karl Totzauer wird am 3. September 1946 wegen Verbrechens gegen die Menschlichkeit von einem britischen Militärgericht in Hamburg zu zwanzig Jahren Zuchthaus verurteilt und drei Jahre später im Zuge der »Remilitarisierung« Westdeutschlands begnadigt.

Außenlager. In Mecklenburg, in Westfalen, in Holland, selbst auf der englischen Kanalinsel Alderney. Alle unterstehen sie dem Kommandanten Pauly, und an alle, die noch nicht von den Alliierten befreit sind, gibt der SS-Obersturmführer Totzauer den Himmler-Befehl weiter, die Lager zu evakuieren. Spätestens am Ziel sollen die Häftlinge erledigt werden, und viele werden es schon beim Abmarsch oder unterwegs. Sie sollen verschwinden, damit sie nicht als Zeugen für die Verbrechen der Nazis dem Feind in die Hände fallen.

Zuerst denkt man noch nicht an Schiffe. Die SS schiebt die Häftlinge immer weiter nach Norden, manchmal sogar planlos hin und her, immer näher dem Tode zu. Himmler hat diesen Vernichtungswillen noch einmal seinem finnischen Masseur Felix Kersten erklärt: »Wenn das nationalsozialistische Deutschland zugrunde gehen soll, dann sollen unsere Feinde, die Verräter am großgermanischen Gedanken, die jetzt in den Konzentrationslagern sitzen, nicht den Triumph erleben, als Sieger herauszugehen. Sie werden diesen Tag nicht erleben, sie werden mit uns verrecken. Das ist der klare und logische Befehl des Führers, und ich werde dafür sorgen, daß er genauestens und gründlich ausgeführt wird.«[7]

Wie gründlich er in vielen Fällen wirklich ausgeführt wird, dafür gibt es grauenhafte Beispiele: von der Massenerschießung der Gefangenen im Konzentrationslager Sandbostel bei Bremervörde bis zum Abbrennen der Feldscheune von Isenschnibbe bei Gardelegen.

Tausend Menschen verbrennen in der Scheune

Einer der Transporte aus dem Neuengammer Außenlager Hannover-Stöcken – dort werden Batterien für die »Akkumulatorenwerke« produziert – soll zuerst nach Bergen-Belsen gehen. Doch das Lager ist schon so überfüllt, daß Tausende sterben. So wird der Eisenbahntransport in Richtung Berlin umgeleitet.

---

7 Armin Besgen, *Der stille Befehl,* Nymphenburger Verlagshandlung München 1960, S. 48 f.

Es gibt keine Verpflegung. Immer häufiger muß der Zug anhalten, damit Tote aus den Waggons geworfen werden können. Nach drei Tagen Fahrt werden die Gefangenen auf der Station Mieste, östlich von Wolfsburg, ausgeladen. Von hier müssen die Ausgehungerten 15 Kilometer zu Fuß bis Gardelegen marschieren. Viele hundert von ihnen brechen erschöpft auf dem Wege zusammen. Sie werden an den Straßenrändern von den SS-Bewachern erschossen.

Am 11. April um vier Uhr morgens erreichen 1100 Gefangene schließlich die Kaserne von Gardelegen. Zwei Tage später marschieren sie weiter in das Dorf Isenschnibbe am Stadtrand von Gardelegen. Der Lehrer Gerhard Thiele, damals Kreisleiter der NSDAP, hält eine kurze Ansprache: Gardelegen müsse gegen die anrückenden amerikanischen Truppen verteidigt werden. Zu ihrer eigenen Sicherheit werden die Gefangenen aus der Gefahrenzone gebracht. In Wirklichkeit hat Thiele eine Todesfalle vorbereitet. Die Gefangenen werden in die große Feldscheune von Isenschnibbe getrieben. Die SS hat vorher Benzin und Öl in das Stroh gegossen, das dort gelagert ist.

Als gegen halb sieben am Abend 1038 Gefangene in der Scheune sind, wirft der SS-Scharführer Braun eine brennende Fackel durch das letzte noch offene Tor, das dann sofort geschlossen wird. Gleichzeitig beginnen die SS-Leute aus Gewehren und Maschinenpistolen auf alle vier Scheunentore zu schießen. Wer unter den Seitenmauern hindurchkriecht, wird erschossen. Trotzdem können 22 Gefangene fliehen. Als am nächsten Tag das Vorauskommando der 102. amerikanischen Infanteriedivision unter dem Kommando des Generalleutnants Frank A. Keating nach Gardelegen und Isenschnibbe kommt, qualmen die Reste der Scheune noch. Darin liegen die Leichen von 1016 ermordeten Menschen.

Die meisten Bundesbürger werden nie von diesem Massenmord gehört haben. Auch Geschichtsbücher verfälschen sie, zum Beispiel das Werk *Aufstieg aus dem Nichts* von Kurt Zentner, Kiepenheuer und Witsch, Köln-Berlin 1954. Dort steht: »Grausiges und nie wieder gutzumachendes Unrecht, für das es keine Entschuldigung gibt, aber geschah in den Wirren der letzten Kriegstage in der Nähe von Gardelegen. SS-Sonderkommandos sammelten die noch nicht aus den Kampfgebieten evakuierten alliierten Kriegsgefangenen und versuchten, sie vor den anrückenden Invasionstruppen in Sicherheit zu bringen. Wie auch anderswo in Deutschland wurden die halbverhungerten und ausgemergelten Gefangenen von den Henkern mit der Peitsche und Pistole erbarmungslos vorwärtsgetrieben. Als sich der Kommandant angesichts der hoffnungslosen Lage keinen Rat mehr wußte, ließ er unter Mißachtung jeden Völkerrechts die Kriegsgefangenen kurzerhand erschießen. Die Bevölkerung der vom Krieg schwer heimgesuchten Stadt Gardelegen, die Zeuge des Verbrechens wurde, bestattete die 1016 Opfer und übernahm die Verpflichtung, die Gräber der Unglücklichen für immer zu pflegen.«

Das Ende der Familie Pracki

Unter denen, die damals auf den Todesmärschen durch Norddeutschland sind, gibt es auch drei Geschwister aus der polnischen Familie Pracki. Mit einem Güterzug ist Zofia Pracka auf dem Weg nach Plön. Ihre Brüder Tadeusz und Stanislaw Pracki hat man schon auf die »Cap Arcona« transportiert.

Bis zum Kriegsbeginn lebt die Familie Pracki in dem kleinen Dorf Józefin im Gebiet Rawa Mazowiecka. Der Vater Lugan Pracki wird Soldat, kämpft gegen die Deutschen, versteckt sich nach der Eroberung von Warschau einen Monat lang in einem Keller. Nichts zu essen, kaum etwas zu trinken. Am 1. Oktober 1939 kommt er vollständig ausgehungert nach Hause. Vier Tage später stirbt er, am 5. Oktober 1939. Er ist 48 Jahre alt.

Die Prackis kämpfen nach dem Tod des Vaters weiter gegen die Deutschen. Zofia Pracka berichtet: »Meine Mutter Cecylia, meine Brüder Tadeusz und Stanislaw und ich gehörten zur Untergrundorganisation ZWZ-AK[8]. Wir versteckten Waffen, brachten Juden und polnische Partisanen in Verstecken unter und verpflegten die Partisanenabteilungen in den Wäldern der Umgebung. Ein Denunziant zeigte uns an. Am 5. Februar 1943

8 Bewaffneter Kampfverband der polnischen Landesarmee

wurden wir in Józefin verhaftet. Die Gestapo folterte uns in Tomaszów Mazowiecka. Am 12. Februar wurden wir nach Auschwitz gebracht. Dort starb meine Mutter vier Monate später, am 5. Juni 1943. Meine Brüder Tadeusz und Stanislaw kamen ins KZ Neuengamme, später ins Außenlager Farge. Ich nach Lübberstedt.« Lübberstedt und Farge sind zwei kleine Orte im Norden von Bremen, 21 Kilometer voneinander entfernt.

Die Brüder Pracki müssen in Farge am Weserufer einen riesigen U-Boot-Bunker bauen, »Valentin« genannt. So nennen die Bundesmariner heute noch den Klotz, bei dessen Bau so viele Menschen starben. Die Schwester Zofia Pracka arbeitet als Krankenschwester im Lager Lübberstedt. In unterirdischen Bunkern der »Lufthauptmunitionsanstalt« müssen die gefangenen Frauen Flakgranaten füllen. Heute ist Lübberstedt ein Munitionsdepot der NATO.

»Im Lager gab es 498 junge ungarische Jüdinnen«, berichtet Zofia Pracka. »Nach dem Tode von zwei Jüdinnen wurden Magdalena Manczak und ich aus Auschwitz nach Lübberstedt gebracht. Nach dem Frühstück (Malzkaffee oder Kräutertee) wurden die Frauen unter der ›Obhut‹ der Aufseherinnen und der Posten in Fünferkolonnen in die im Wald gelegene unterirdische Munitionsanstalt gebracht.«

Zofia Pracka wird Pflegerin im Krankenrevier. Dort muß sie die Gefangenen nach dem Abendessen (meistens Suppe aus Steckrüben) verbinden.

»Das SS-Personal war uns gegenüber streng und feindlich eingestellt. Doch behandelte es uns viel besser als das Personal in Auschwitz. Eines Tages erhielt ich eine Postkarte von meinen Brüdern aus Farge. So erfuhr ich, daß sie noch lebten und daß sie zusammengeblieben waren.«

Die Postkarte hat den Stempel »Postzensur K.L.Ng., zensiert«, daneben die Abzeichnungen von zwei SS-Kontrolleuren. So etwas gibt es also auch damals, eine Postkarte von einem KZ ins andere, adressiert an »Zofia Pracka, geb. 9. XI. 1918, Nr. 35167, Lager Lübberstedt, Kreis Wesermünde.« Für KZ-Post ist nur die deutsche Sprache erlaubt: »Liebe Zosie! Wir beide sind gesund, fühlen uns gut und glauben, daß wir in kürze Zeit im Józefin wiedersehen. Wir freuen uns, daß Du gut aussehen. Wir küssen Dich herzlich und übersenden viele Grüße, Deine Brüder Tadek und Stanko.«

Geschrieben ist die Karte am 18. Februar 1945. Abgestempelt wird sie vom »Postamt Neuenkirchen II (Weser)« am 24. Februar 1945. Angekommen ist sie am 1. März 1945.

Noch einmal, ein letztes Mal, bekommt Zofia ein Lebenszeichen von ihren beiden Brüdern. Am 19. März 1945 bringt ein SS-Kommando aus dem Lager Farge Lebensmittel zur Küche. Ein polnischer Gefangener ist dabei, Stachu. Er gibt Zofia ein Päckchen mit Brot und Wurst. Darin steckt ein Kassiber der Brüder, geschrieben in ihrer Muttersprache:

»Liebe Zofia. Wieder haben wir eine Gelegenheit, Dir ein paar Worte zu schreiben. Wir warten auf das Ende unseres heimatlosen Lebens. Die Hoffnung wächst mit jedem Tag, aber die Zeit dehnt sich sehr aus. Gott sei Dank, daß wir Brüder zusammen sind, so brauchen wir keine Sorge um den anderen zu haben. Ein gnadenvoller Zufall hat es gewollt, daß auch Du in unserer Nähe bist und daß wir von Dir gute Nachrichten haben. Wir beide sind gesund, dafür danken wir Gott. Wir planen, mit Dir zusammenzutreffen, wenn wir frei sind, um gemeinsam in die Heimat und die Freiheit zurückzukehren. Weil alles und alle in Gottes Hand sind, legen wir Dein und unser Schicksal in seine Hand. Wir senden Dir herzliche Grüße und Küsse, Deine Brüder Tadek und Stanko.«

Noch einen Monat dehnt sich die Zeit. Dann stehen die englischen Truppen vor Bremen. Zofia Pracka erfährt von ihren Bewachern, daß am 8. April das Lager Farge geräumt worden ist. Zehn Tage später werden auch die Frauen aus Lübberstedt evakuiert. »Zuerst wurden wir zu Fuß vorangetrieben, später in Viehwagen verladen und nach Wilhelmshaven gebracht. Abends verlädt man uns auf ein Handelsschiff, dessen Namen ich vergessen habe. Doch am nächsten Morgen sind wir wieder in demselben Hafen.«

Nun werden sie wieder in einen Zug verladen, auf offenem Feld. »Es war ein Munitionszug. An jeder Tür saßen zwei bewaffnete Posten. Zuerst wußten wir das Ziel nicht. Später sagte man uns: Kiel. Dreimal wurde unser Zug bombardiert und beschossen. Beim ersten Angriff, am 1. Mai, hielt der Zug. Wir mußten hinaus und uns auf die Erde legen. Aber die Bomben fielen abseits, es gab keine Verluste. Auch beim zweiten Angriff in der Nacht zum 2. Mai wurde der Zug nicht getroffen. Aber beim dritten Angriff, am 2. Mai tagsüber, wurden, noch ehe wir ausgestiegen waren, zwei Waggons von Bomben vollständig zerstört. Es gab viele Tote und Verletzte. In meinem Wagen wurden einige Frauen durch Splitter leicht verletzt.

Die Toten wurden auf eine Wiese neben dem Bahndamm gelegt, daneben die verwundeten Frauen. Jede bekam eine Tablette Luminal. Andere Medikamente hatten wir nicht. Zwei unverletzt gebliebene Frauen durften bei den Verwundeten bleiben. Sie liefen später, als der Zug weitergefahren war, zum nächsten Ort ins Krankenhaus. Ich weiß aber nicht, wie der Ort hieß.

Wir fuhren weiter. Der Zug blieb dann auf der Station Plön stehen. Am 3. Mai nachmittags sahen wir vom Zug aus viele Soldaten, die ihre Waffen in den See warfen. Auch unsere Bewacher liefen in Panik davon. Wir waren frei. Der Krieg war aus.«

Ungefähr zur selben Zeit sterben die beiden Brüder Tadeusz und Stanislaw Pracki, wieder nicht weit von ihrer Schwester entfernt, im Wasser der Neustädter Bucht. Sie sind von Farge ins Stammlager Neuengamme zurückgebracht worden, wie viele tausend andere Häftlinge aus den Außenlagern. Von dort gehen die Transporte weiter nach Norden, nach Lübeck, zu den Schiffen.

Die »Wilhelm Gustloff« versinkt

Während aus allen Richtungen die Elendszüge der hungernden Gefangenen nach Norden strömen, sucht der Hamburger Gauleiter Karl Kaufmann nach Schiffen, mit denen er die KZ-Häftlinge aufs Meer bringen lassen will.

Aber das, was von Großdeutschland übriggeblieben ist, besitzt kaum noch Schiffe. Die noch schwimmen können, werden im Osten für Zivilisten und die geschlagenen deutschen Truppen eingesetzt, die vor der Roten Armee flüchten. Selbst Fährboote und Schuten werden mit Menschen überladen. Sie fahren von den wenigen noch von den Deutschen besetzten Häfen der Danziger Bucht, von Pommern und Mecklenburg, nach Kiel, Lübeck oder Kopenhagen.

Viele Schiffe werden auf diesen Fahrten versenkt. Die »Goya«, ein modernes Fünftausend-Tonnen-Schiff der Hamburg-Amerika-Linie, hat 6000 Menschen an Bord, Soldaten und Zivilisten, als sie am 16. April 1945 um 7 Uhr abends die Reede von Hela in Richtung Kopenhagen verläßt. Kurz vor Mitternacht treffen zwei Torpedos des sowjetischen U-Boots »L 3« das Schiff. Es zerbricht in zwei Teile, die sofort sinken. So schnell, daß die vielen Begleitfahrzeuge der »Goya« nur 183 Überlebende retten können. Eine ganze Panzertruppe unter dem Befehl eines Hauptmanns Küspert, die zur Verteidigung von Berlin eingesetzt werden soll, geht mit unter.

Fünfmal so groß wie die »Goya« ist die »Wilhelm Gustloff« mit ihren 25484 Bruttoregistertonnen. In Nazi-Deutschland nennt man sie ein »KdF-Schiff«, denn sie wird von der Organisation »Kraft durch Freude« 1938 und 1939 für billige Ferienreisen deutscher Urlauber nach Madeira und in die Fjorde Norwegens eingesetzt. Ihren Namen hat sie nach dem »Auslands-Gauleiter« der Nazi-Partei, Wilhelm Gustloff aus Lübeck, der 1936 in Davos von dem jüdischen Emigranten David Frankfurter als Vergeltung für Judenverfolgungen erschossen worden war.

Während des Krieges hat sie einen dunkelgrauen Tarnanstrich bekommen und liegt von 1940 bis zum 30. Januar 1945 an der Pier von »Gotenhafen«, wie die Nazis den polnischen Hafen Gdynia (Gdingen) umgetauft haben. Sie ist ein Wohnschiff für U-Boot-Offiziere. Ganz in ihrer Nähe liegt die »Cap Arcona«, mit ihren 27571 BRT das größte Marine-Wohnschiff. Auch die »Deutschland« (21046 BRT), die »Hansa« (21131 BRT), die »Hamburg« (22117 BRT) und acht andere große Schiffe werden damals dort als schwimmende Kasernen genutzt. Als die Rote Armee Memel erobert hat und immer weiter auf Königsberg, Danzig und Gdingen vorrückt, befiehlt der Großadmiral Karl Dönitz den Abzug all dieser Schiffe aus der Danziger Bucht Richtung Kiel.

Jedes Schiff ist mit Menschen überfüllt. Soldaten, Wehrmachthelferinnen, Verwundete, Parteibonzen, Zivilisten. Die »Führer-Suite« an Bord der »Wilhelm Gustloff« hat der Nazi-Oberbürgermeister von »Gotenhafen« mit den dreizehn Mitgliedern seiner Familie belegt. Auch der NSDAP-Kreisleiter der Stadt bezieht mit Frau, fünf Kindern, Hausmädchen und Kindermädchen die Luxuskabinen. Fünfzigtausend weniger bedeutende Volksgenossen müssen an den Kais und in der Stadt zurückbleiben. Als die »Wilhelm Gustloff« nachmittags um halb vier am 30. Januar 1945 ausläuft, hat sie 6050 Menschen an Bord. Drei Viertel Zivilisten, ein Viertel Soldaten. Ein alter Minenräumer namens »Löwe« fährt ihr voraus. Es schneit.

»Als es zu schneien aufhörte, sah ich plötzlich die Silhouette eines Ozeandampfers. Er war riesig«, trägt der sowjetische U-Boot-Kapitän Aleksander Marinesko, 31, ins Bordbuch ein. Er hat die »Wilhelm Gustloff« in seinem Seerohr. »Er hatte sogar Lichter gesetzt. Ich war sofort überzeugt, daß er etwa 20000 Tonnen hatte, bestimmt nicht weniger. Ich war auch sicher, daß er mit Männern vollgepackt war, die die Erde von Mütterchen Rußland zertrampelt hatten und die sich jetzt auf der Flucht befanden. Der Dampfer mußte versenkt werden, entschied ich, und ›S 13‹ würde das tun. Es blieb die Frage zu entscheiden, wo und wann. Im Geiste hatte ich mich bereits auf einen Überwasserangriff eingestellt, um die Wahrscheinlichkeit eines Bugtreffers zu erhöhen. Aber dann kam mir die Idee, daß ich achtern um den Konvoi herumlaufen und von der Küste her angreifen müsse. Aus dieser Richtung würden sie keinen Angriff erwarten. Die Wachen würden sich darauf konzentrieren, die See abzusuchen. Wir mußten nur unsere Berechnungen richtig anstellen und durften nicht in Panik geraten. Um den Minenräumer würden wir uns später kümmern.«

Um 21 Uhr 8 Minuten schießt »S 13« drei Torpedos ab. Alle drei treffen. Eine Minute später beginnt das riesige Schiff zu sinken. Der Strom und die Funkanlage fallen aus. Mit einem Tornistergerät gibt der Funker Rudi Lange den Notruf: »SOS – SOS. Wilhelm Gustloff sinkt querab Position Stolpmünde 55 Grad 07 Minuten Nord 17 Grad 42 Minuten Ost. Erbitten

Hilfe.« Einer der ersten, der sich in ein Boot rettet, ist der Kapitän des Schiffes.

Nach etwas mehr als einer Stunde geht das gewaltige Schiff unter, hell erleuchtet und mit heulenden Sirenen. Wer den Untergang lebend überstanden hat und auf ein Floß gezogen wird oder in eines der wenigen Rettungsboote gelangt, hat Glück. Wer in der eiskalten See bleibt, erfriert.

Das Begleitschiff »Löwe« nimmt 252 Schiffbrüchige auf. Die Rettung scheint zu kommen, als der schwere Kreuzer »Admiral Hipper« erscheint. Doch er stoppt nur kurz. Dann laufen die Schiffsschrauben wieder auf »volle Fahrt« und zermalmen schreiende Menschen im Wasser.

Der Kapitän Henigst gibt am nächsten Tag in Swinemünde zu Protokoll: »Wegen der großen U-Boot-Gefahr mußte das Schiff ablaufen, ohne einen einzigen Überlebenden an Bord zu nehmen. Wäre die ›Admiral Hipper‹ auf dem Schauplatz geblieben, hätte sie leicht das Opfer eines weiteren U-Boot-Angriffs werden können.« Bestraft wird er nicht.

Der Minensucher »Löwe« und das inzwischen eingetroffene Torpedoboot »T 36« werfen 234 Wasserbomben, um die »S 13« zu vernichten. Doch das getauchte Boot entgeht allen Angriffen. Aber durch die Explosionswellen der Bomben werden im Wasser viele Schiffbrüchige getötet.

Nach Mitternacht passieren einige weitere Schiffe die Untergangsstelle und fischen Menschen aus dem Wasser. Insgesamt werden 964 Passagiere der »Wilhelm Gustloff« gerettet. Mehr als fünftausend sind tot.

Im Lagebuch des Oberkommandos der deutschen Wehrmacht stehen unter dem 31. Januar 1945 die kurzen Sätze: »Über See wurden zur Zeit 20 000 Flüchtlinge transportiert. Es ist nicht möglich, alle Schiffe ausreichend zu sichern. Daher gelang es einem feindl. U-Boot, das KdF-Schiff ›Wilhelm Gustloff‹ mit 5 500 Menschen (darunter 3 300 Flüchtlinge) zu versenken. 200 Menschen konnten gerettet werden.«

Auch Adolf Hitler erfährt an diesem Tag von dem Untergang der »Wilhelm Gustloff«. Der Großadmiral Karl Dönitz trägt ihm nachmittags in seinem Hauptquartier gleich die Entschuldigung mit vor: »Zum Verlust des Passagierschiffes ›Wilhelm

Gustloff‹ durch U-Boot-Torpedos auf dem Außenweg nördlich der Stolpe-Bank führt der Ob. d. M.[9] aus, daß bei den umfangreichen Transporten in der Ostsee Verluste von vornherein in Rechnung gestellt wurden und daß man es, so schmerzlich der Verlust auch im einzelnen ist, als ein besonderes Glück ansehen muß, wenn nicht bisher weitere Verluste eingetreten sind.«

Der »Reikosee« sucht drei große Schiffe

Auch als die »Cap Arcona« mit achttausend Menschen an Bord aus der Danziger Bucht ausläuft, wartet schon das Verderben: Der sowjetische U-Boot-Minenleger »L 3« unter dem Befehl des Kapitäns Konowalow sucht querab von Hela eine günstige Schußposition für seine Torpedos. Vergeblich. Das größte Schiff, das die Deutschen noch haben, entgeht mit höchster Fahrt der Versenkung. Sein Ziel ist Kopenhagen. Dort werden die Flüchtlinge glücklich ausgeschifft.

Noch zwei weitere Male fährt der Ozeanriese den gefahrvollen Weg von Dänemark zur Danziger Bucht und zurück. Einmal mit 8 000 Menschen an Bord, das zweite Mal sogar mit 9 000.

Der Gauleiter Kaufmann in Hamburg ist inzwischen »Verteidigungskommissar« für Norddeutschland geworden. Und als »Reichskommissar für die Seeschiffahrt« hat er die Verfügungsgewalt über alle zivilen Schiffe. Seinen Posten kürzt er »Reikosee« ab. Er hat auch die politische Verantwortung für den Massentransport der Flüchtlinge von Ostpreußen nach Kopenhagen, Kiel und Flensburg. Ihm wird gemeldet, daß die »Cap Arcona« nach dem dritten Transport mit Kesselschaden in der Neustädter Bucht liegt. Daraufhin befiehlt er, die KZ-Transporte nach Lübeck zu bringen und auf die »Cap Arcona« zu verladen. Nach seiner Gefangennahme behauptet er, die Gefangenen hätten mit dem Schiff nach Schweden gebracht werden sollen. Aber er weiß, daß die »Cap Arcona« keinen Treib-

9 Ob. d. M. = Oberbefehlshaber der Marine

stoffvorrat hat und praktisch fahruntüchtig ist. Sie kann allenfalls dazu dienen, ein paar Seemeilen in die Ostsee hinaus zu fahren, um dort mit den Gefangenen versenkt zu werden.

Als Kaufmann am 9. April 1946 als Zeuge im englischen Prozeß gegen die SS-Führer von Neuengamme gehört wird, schiebt er alle Schuld am Tod der KZ-Gefangenen auf den Gestapo-Chef von Hamburg, SS-General Graf Bassewitz-Behr.

Kurt Wessig, der Verteidiger des Lagerkommandanten Max Pauly, fragt ihn: Wissen Sie, wie die Evakuierung von Neuengamme vor sich ging?

Kaufmann: Ja.

Wessig: War es zuerst beabsichtigt, das Lager einschließlich der Gefangenen den Alliierten zu übergeben?

Kaufmann: Davon weiß ich nichts.

Wessig: Wie also geschah die Evakuierung?

Kaufmann: Zu Beginn und Mitte März kam Graf Bassewitz-Behr, der Höhere SS- und Polizei-Führer, fast täglich zu mir und erklärte mir, daß in seinem Gebiet eine große Zahl von Kriegsgefangenen und Flüchtlingen anwesend sei, zurückzuführen auf das Vorrücken der Fronten im Osten und Westen.

Wessig: Gaben Sie in dieser Hinsicht irgendwelche Befehle?

Kaufmann: Ich konnte keine Befehle geben.

Wessig: Wer gab dann den Befehl, daß diese Gefangenen auf Schiffe gebracht werden sollten?

Kaufmann: Das kann ich nicht sagen, aber Bassewitz-Behr versuchte dann, Schiffe für sie zu bekommen.

Wessig: Sollten diese Schiffe in der Lübecker Bucht bleiben, oder sollten die Schiffe sie nach Schweden bringen?

Kaufmann: Falls es die Absicht gewesen wäre, diese Schiffe in der Lübecker Bucht zu lassen, hätte ich nicht geholfen, sie zu besorgen.

Wessig: Sie wollen damit sagen, erstens, daß Sie die Schiffe besorgten und zweitens, daß Sie das taten in der Annahme, daß sie dazu benutzt werden sollten, die Gefangenen nach Schweden zu befördern?

Kaufmann: Ja, natürlich.

Wessig: Wissen Sie oder wußten Sie von dem Befehl eines höheren SS-Offiziers, daß Gefangene aus Konzentrationslagern nicht in die Hände der Alliierten fallen durften?

Kaufmann: Nein.

So kann sich der Gauleiter Kaufmann aus der Verantwortung für den Tod der vielen tausend KZ-Gefangenen stehlen. Hätte er nicht genau gewußt, daß die »Cap Arcona« seeuntüchtig ist, dann hätte er als »Reichskommissar für die Seeschiffahrt« dieses große Schiff für den Transport deutscher Soldaten und Flüchtlinge aus dem Osten zur Verfügung gestellt, statt damit KZler nach Schweden zu bringen. Viel klarer drückt sich der Gestapo-Chef Bassewitz-Behr aus, der am selben Tag als Zeuge gehört wird.

Wessig: Was gaben Sie für Befehle?

Bassewitz-Behr: Es wurde auf der Konferenz festgestellt, daß der Verbleib des Lagers in der gegenwärtigen Situation nicht ratsam sei und mit der Sicherheit der Einwohner von Hamburg nicht vereinbart werden konnte. Daraufhin wurde vom Verteidigungskommissar vorgeschlagen, daß sie auf Schiffe gebracht werden sollten.

Wessig: Wer gab den Befehl, diese Menschen auf die Schiffe zu bringen?

Bassewitz-Behr: Das tat ich.

Wessig: Gab es einen Befehl, daß die Häftlinge von Konzentrationslagern unter keinen Umständen in die Hände des Feindes fallen dürfen?

Bassewitz-Behr: Ja.

Wessig: Wer gab diesen Befehl?

Bassewitz-Behr: Er kam von Himmler.

Wessig: Was bedeutete das?

Bassewitz-Behr: Daß kein Gefangener in die Hände des Feindes fallen dürfe.

Wessig: Wenn es keine Möglichkeiten der Evakuierung von Gefangenen gab, was sollte dann mit ihnen geschehen?

Bassewitz-Behr: Entsprechend diesem Befehl mußten sie getötet werden.

Die Königin des Südatlantik

Inzwischen warten auf den Lübecker Kaianlagen fast 11000 Menschen, zusammengetrieben aus Neuengamme und seinen vielen Außenlagern. Am 26. April 1945 bringt die kleine »Athen« den ersten Transport mit KZ-Gefangenen auf die »Cap Arcona«.

Kapitän Heinrich Bertram versucht, das Schiff zu retten. Es ist für ihn undenkbar, daß dieser schöne Luxusdampfer ein schwimmendes KZ werden soll. Er hat schon Pläne für die Zeit nach dem Krieg. Bertram will die »Cap Arcona« wieder zur »Königin des Südatlantik« machen, wie sie es vor dem Krieg gewesen ist. Seine Reederei, die »Hamburg-Süd« (Hamburg-Südamerikanische Dampfschiffahrtsgesellschaft) hat seit ihrer Gründung am 4. November 1871 unter ihren rot-weißen Fahnen Fracht- und Passagierschiffe von Europa nach Südamerika geschickt. Sie heißen »Rio« und »Santa Rita«, »San Nicolas«, »Paranaguá« und »Chubut«. Später werden sie alle nach berühmten Landspitzen benannt: Die »Cap Ortegal« nach der Landspitze am Rio de Santa Marta an der spanischen Nordküste im Golf von Biskaya. Die »Cap Blanco« nach dem Kap an der Pazifikküste von Costa Rica. Die »Cap Roca« nach dem Kap westlich von Lissabon. Die »Cap Frio« nach dem Kap, das bei der Einfahrt nach Rio de Janeiro passiert wird, am südlichen Wendekreis des Krebses. Von den 28 kleinen und großen Cap-Schiffen, die im Laufe der Jahre für die Hamburg-Süd fahren, gilt die »Cap Arcona« als das schönste. Die Hamburger schwärmen von diesem schlanken Zweischraubendampfer mit seinen drei hohen Schornsteinen. Bei jeder Ankunft oder Ausfahrt der »Cap Arcona« strömen die Menschen an das Elbufer bei Wittenbergen oder Blankenese, um dem Schiff und seinen beneideten Passagieren zuzuwinken. Mit viel Poesie tauft Beatrix Amsinck, die Tochter des Reedereibesitzers, am 14. Mai 1927 das Schiff, das auf der Hamburger Werft Blohm und Voss gebaut worden ist:

»Aus den Fluten der Ostsee erhebt sich im Norden der lieblichen Insel Rügen ein schroffer Fels, gekrönt mit einem Leuchtturm, der – als wichtigste Landmarke der Ostsee – sein

Licht nächtlich weit über die See strahlen läßt. Der Name dieses Felsens, des einzigen Kaps, das Deutschlands Küste ziert, Kap Arkona, soll von nun an auch dein Name sein. Mögest du zur Ehre des geliebten deutschen Vaterlandes und zur Freude deiner Gesellschaft die Meere durchfurchen und ein weiteres Bindeglied zwischen der alten und der neuen Welt sein. Ich taufe dich ›Cap Arcona‹«.

Auf ihrer Jungfernfahrt bringt die »Königin des Südatlantik« in ihren seidenbespannten Salonkabinen Millionäre von Hamburg nach Buenos Aires. Kapitän Ernst Rolin, den man nach der damaligen Mode einen »Kommodore« nennt, leitet die Fahrt, die am 20. November 1927 beginnt. Es gilt als der Höhepunkt des Luxus, mit diesem Schiff über den Atlantik zu fahren.

Der Reeder Herbert Amsinck erinnert sich: »Da gab es beispielsweise eine reiche, alleinstehende Südamerikanerin, die reiste mit ihren vierzehn Hunden in der ersten Klasse. Damit ihre Lieblinge auch standesgemäß untergebracht wurden, buchte sie zwei Luxus-Doppelkabinen.« Eine vielköpfige südamerikanische Viehzüchterfamilie demonstriert ihren Reichtum, indem sie eine Kuh und Hühner mit an Bord bringt, um unterwegs frische Eier und Milch zu haben. »Natürlich bekamen die Kinder täglich ihre frische Milch«, berichtet Obersteward Carl Schmidt, »allerdings nicht von der mitgebrachten Kuh. Die wurde nämlich sehr bald seekrank.«

Das Frühstück wird in der Halle serviert. Sie ist mit Zebranoholz ausgekleidet. Den Lunch vom »Geflügelfondant« bis zu den »Capoletti italienne« servieren die Stewards im zitronenholzgetäfelten Speisesaal mit seiner grünen Seidenstoffbespannung. Auf dem Oberdeck spielt man Tennis. Am Marmorkamin des Rauchsalons trifft sich die Schickeria zum Plausch. Abends spielt im riesigen Schleiflack-Festsaal das Hamburger Tanzorchester Christian Warncke aus dem Hotel »Vier Jahreszeiten« Paso doble und Rumba. »Um mich herum tanzen nur Pariser Modelle«, beschreibt der Reisejournalist Albert Köhler den beneideten Reichtum eines Tanzabends in Frack und langem Abendkleid. »Alle Augenpaare sind hochglänzend, Lider und Brauen schwarz nachgezogen, Lippen in Form eines plattfüßigen Herzchens blutrot gemalt. Der Modeschuh ist glanzsilber glatt und passend zum Kleid. Früher hatten die Damen nach dem bekannten Gassenhauer Diamanten und Perlen im Haar, heute an – Strumpfband und Absatz. Ein Skatbruder behauptet, eines der Mädchen aus dem ›goldenen Westen‹ trage sogar die Uhr im Strumpfband.«

1365 Passagiere, alle wohlhabend und extravagant, dazu Masseur und Badearzt, Bordgeistlicher mit Edelholzaltar – vom Bischof von Münster geweiht –, Edel-Boutiquen und Edel-Schwimmbad mit Keramik. Für alle Fälle gibt es auch eine Leichenkammer, »die wir gern für unsern Frühschoppen am Sonntag benutzten, denn dort waren wir völlig ungestört«, schreibt der Zahlmeister-Assistent Hans-Jürgen Kruse. Prinzessinnen sind auf diesem Schiff gefahren, Kronprinzessin Cecilie von Preußen zum Beispiel. Schauspielerinnen und Schauspieler wie Sybille Schmitz, Grethe Weiser, Gustav Gründgens. Der Hamburger »Lili Marleen«-Dichter Hans Leip hat seine Hochzeitsreise auf diesem Schiff gemacht und sie bedichtet:

Heimweh ist schön. Nur nicht dagegen wehren!
Bald taucht die Küste auf, dann ist es fort.
Deine Hände beben, doch es soll dich nicht beschweren.
Die Maschinen sind es. Alles bebt davon an Bord.

Ein Übergang ist dies, ein kurzer Pfiff,
ein Kuß im Wind. Wir essen gut und tanzen,
schlafen nah beieinander auf dem tanzenden Schiff.
Und Stewards und Mitreisende können uns im Ganzen...

Im Ganzen könnte hier alles glatt Selbstzweck sein.
Nichts drängt uns, als uns zueinander zu drängen.
Man hüllt dich, wo du willst, in Eis oder Decken ein.
Und diese Seeluft! (Luv! – In Lee riecht es nach den
letzten Gängen.)

Und du und ich, obenauf auf den Wellen.
Dem Himmel nahe, fast näher als jedem Grund,
der, kilometertief, schwer vorzustellen,
abseits allem liegt, was hübsch ist und gesund.

Und Geld und Gut. Wie übrigens, wenn wir beide
auch etwa, den Tiefenströmen preisgegeben,
abgelöst von Samt und Seide
stumm durch jene Abgründe schweben?

Und schweben wir nicht? Schatten von Kielen
über uns, bebend von den Maschinen.
Und an der Reling stehen zwei und spielen
mit den Gedanken. Und wir gleichen ihnen.

Welch schaurige Bedeutung bekommen diese schwärmerischen Worte von denen, die »den Tiefenströmen preisgegeben, stumm durch jene Abgründe schweben«, Jahre später für die vielen tausend Zwangspassagiere der »Cap Arcona«, die in »jene Abgründe« versinken!

Zwölf Jahre geht das so zwischen Hamburg und Rio, dann erhält die »Cap Arcona« am 25. August 1939 um zwei Uhr nachts den Funkspruch »QWA 7«. Er bedeutet: »Sonderanweisungen für den Kriegsfall«. Da ist das Schiff gerade auf der Heimreise von Südamerika in der Elbmündung. Vier Tage später soll es wieder nach den La-Plata-Häfen auslaufen. Doch die 850 gebuchten Passagiere bleiben ebenso an Land wie die 50 Kilo Malossol-Kaviar und die 6 000 Kilo Geflügel und Wild.

Begegnungen mit einem Gespensterschiff

Die Hamburg-Süd muß ihre »Königin des Südatlantik« abgeben an die Kriegsmarine. Das weiße Schiff wird grau gestrichen. Das Grau soll eine Tarnung gegen Luftangriffe sein. Nach dem Überfall auf Polen wird die »Cap Arcona« als Wohnschiff an den Kai von Gdingen gelegt. Dort liegt sie vom 29. November 1939 bis zum 31. Januar 1945.

Kapitän Bertram kennt das Schiff schon aus friedlichen Zeiten. Er ist als Erster Offizier unter dem Kommando des Kapitäns Richard Niejahr mit der »Cap Arcona« gefahren. Während des Krieges befehligt Bertram ein anderes Schiff der Hamburg-Süd, die »Monte Rosa«. Auch sie ist früher ein berühmtes Passagierschiff auf dem Südatlantik gewesen, ehe sie im Krieg als Truppentransporter, als Wohnschiff und schließlich als Lazarettschiff herhalten muß. Ende Januar 1945 fährt sie leer von Norwegen nach Pillau, um dort 4 000 Verwundete aufzunehmen. Kapitän Bertram hat das Rote Kreuz an den Schornstein malen lassen, obwohl auch Truppen an Bord sind. Auf dem Rückweg wird sie am 16. Februar 1945 um 5 Uhr morgens durch eine Minenexplosion oder einen Torpedotreffer schwer beschädigt. Die Backbordseite hat ein riesiges Leck.

Fast alle Besatzungsmitglieder und die Sanitäter gehen in die Boote. Aber den Schleppern gelingt es, das Wrack nach »Gotenhafen« zu bringen.

Kapitän Heinrich Bertram wird von der »Monte Rosa« auf die »Cap Arcona« versetzt. Sein Vorgänger dort, der Kapitän Johannes Gerts, hatte sich am 20. Februar an Bord erschossen, nachdem er den Befehl bekommen hat, mit seinem Schiff noch einmal nach »Gotenhafen« zu fahren.

Bertram wollte schon immer auf die Kommandobrücke des größten Schiffs der Hamburg-Süd - wenn auch nicht unter diesen Bedingungen.

Während die »Monte Rosa« notdürftig zusammengeflickt wird, indem man Stahlplatten auf das Loch schweißt, geht Bertram auf die gefährliche Tour, die Kapitän Gerts nicht mehr fahren wollte. Auf der letzten Fahrt der »Cap Arcona« von Kopenhagen zur Danziger Bucht begegnet ihr ein gespenstischer Seetransport: Heinrich Bertrams früheres Schiff, die »Monte Rosa«, ein Wrack ohne eigene Maschinen und mit Wasser in den unteren Decks, wird von drei Schleppern über die Ostsee nach Kopenhagen geschleppt, 600 Kilometer durch das Operationsgebiet der sowjetischen U-Boote und der englischen Jagdbomber. An Bord 5 600 Verwundete, Flüchtlinge, Soldaten.

Am 30. März 1945 dirigiert Bertram die »Cap Arcona« zurück nach Kopenhagen. Diesmal liegen und stehen 9 000 Menschen an Bord, auf den Decks, in den Niedergängen, in den Salons, im Schwimmbad. Zur Sicherung gegen U-Boot-Angriffe fährt die »Cap Arcona« mit höchster Geschwindigkeit im Zickzack-Kurs. Als sie in Kopenhagen ankommt, sind ihre Turbinen verbraucht. Das Schiff läuft eine Werft an. Die Maschinenanlage wird notdürftig überholt, um das Schiff überhaupt nach Deutschland bringen zu können. Für weitere Fahrten auf See ist es nicht mehr geeignet. Als die »Cap Arcona« am 14. April 1945 in der Lübecker Bucht vor Neustadt ihre Anker wirft, ist sie manövrierunfähig.

Doch hinter dem trostlosen grauschwarzen Militäranstrich versteckt sich immer noch die Schönheit des Luxusdampfers. Trotz der langen Benutzung als Marine-Wohnschiff, trotz der Massentransporte ist die »Cap Arcona« nicht verwüstet. Hinter Verschalungen haben ihre Edelhölzer, Fliesen und Gläser fast unbeschädigt den Krieg überstanden.

Für die Kriegsmarine ist die »Cap Arcona« unbrauchbar. Der »Seetrachef« (Seetransportchef) Admiral Engelhardt, der den Oberbefehl über alle beschlagnahmten Passagier- und Handelsschiffe mit militärischen Aufgaben hat, glaubt nicht mehr an den Endsieg der Nazis. Außerdem sitzen in seiner Dienststelle viele Offiziere, die nach dem Krieg wieder als Kapitäne zur See fahren wollen und sich jetzt mit den Reedereien arrangieren. Zum Beispiel der Kapitän Rössing, der später Kapitän des großen Turbinen-Fahrgastschiffes »Bremen« beim Norddeutschen Lloyd wird. Sie sorgen dafür, daß die »Cap Arcona« aus der Verfügung der Kriegsmarine entlassen und an die Hamburg-Süd zurückgegeben wird. Die Reederei bereitet sich auf das Nachkriegsgeschäft vor – der Bielefelder Nahrungsmittelkonzern Oetker mit seinem großen Kapital ist ihr inzwischen beigetreten.

Auch kleine Reedereien versuchen, ihre letzten Schiffe über Wasser zu halten. Zum Beispiel die Reederei Knöhr und Burchard am Hamburger Rödingsmarkt. Dreizehn ihrer achtzehn Frachtdampfer sind im Krieg gesunken. Das größte Schiff, das sie noch besitzt, ist der 2 815 Bruttoregistertonnen große Frachter »Thielbek«. Verglichen mit der zehnmal größeren »Cap Arcona« ist er ein Zwerg. Im Sommer 1944 hat die »Thielbek« bei einem englischen Bombenangriff auf der Elbe bei Hamburg mehrere Treffer erhalten. Die Schäden werden auf der LMG-Werft (Lübecker Maschinenbau-Gesellschaft, später Orenstein und Koppel) repariert.

Doch ehe die Reparatur beendet ist, erhält die Reederei am 17. April 1945 einen Befehl des »Reikosee« Kaufmann: Die »Thielbek« ist beschlagnahmt, soll sofort die Werft verlassen und den Lübecker Hafen anlaufen. Sie kann nicht aus eigener Kraft? Dann eben mit Schlepperhilfe.

Eine Zebrajacke im Hafenwasser

Am selben Tag noch wurde die »Thielbek« von der Werft in den Lübecker Industriehafen verholt. Auch die »Athen« wird von der Werft dorthin verlegt, 3 600 Bruttoregistertonnen groß. Sie liegt ebenfalls beschädigt auf der Werft, die Reparatur ist nicht beendet, das Schiff kann aber aus eigener Kraft fahren.

Lübeck ist durch die Bombenangriffe schwer zerstört. Am 19. April kommen auf dem Hafenkai die ersten KZ-Gefangenen aus Neuengamme an. Sie sind mit Viehwagen transportiert worden und bleiben darin eingesperrt. Eine Woche lang, bis zum 26. April, kommen jeden Tag im Hafen neue Transporte an. Sie kommen auch aus anderen Lagern, aus dem Elendslager Reiherhorst bei Wöbbelin, aus Magdeburg. Ungefähr jeder zweite Gefangene hat die Fahrt nicht überlebt. Es gibt nichts zu essen, nichts zu trinken.

Der Gefangene Willi Lenz berichtet: »Am Ende des Zuges lagen in vier Waggons noch unsere Kranken, die – teils im Fieberdelirium – ständig schrieen. Keine Pflege oder ärztliche Hilfe wurde ihnen zuteil. Ein Bild ist mir im Gedächtnis: Ein Fiebernder klettert mit unsäglicher Kraftanstrengung aus seinem Wagen, bricht zusammen, rollt sich an die Kaimauer und wird vom hinzuspringenden Kirstein einen Meter von der Kaimauer entfernt mit der Pistole erschossen. Ein SS-Mann rollt ihn mit den Füßen über die Kaimauer. Sechs Meter tief stürzt der Häftling ins Wasser. Ein großer, blasiger Blutfleck breitet sich im Wasser aus. Die Zebrajacke ist aufgebauscht noch zu sehen, dann versinkt der Körper gekrümmt im Wasser. Kirstein lacht.«

Es kommt etwas auf uns zu

Der 2. Offizier der »Thielbek« heißt Walter Felgner. Er ist ein junger Mann, 22 Jahre alt, freundlich, nur wenig berührt von der Politik der Nazis. Ein typischer Seemann. Er erinnert sich genau an die Einschiffung der Gefangenen:

»Ich war 2. Offizier auf der ›Thielbek‹, die im August 1944 in Hamburg Bombentreffer erhalten hatte. Sie war nicht mehr manövrierfähig und wurde nach Lübeck in die Werft geschleppt, die das Schiff gebaut hatte. Dort wurde sie wiederhergestellt und war soweit einsatzfähig bis auf die elektrischen Rudermaschinen. Die waren zu der Zeit nicht lieferbar.

Am 17. April 1945 wurde uns an Bord bekannt, daß wir für einen Sondereinsatz bereitstehen sollten. Wir wohnten auch während der Reparaturarbeiten an Bord. Der Kapitän hieß John Jacobsen, der 1. Offizier Andresen, der 3. Offizier hieß Theodor Schotmann. Kapitän Jacobsen war ein sehr schweigsamer Mann, der Typ des alten Segelschiffkapitäns. Er war damals etwa sechzig Jahre alt.

Wir wurden verholt zum Lübecker Industriehafen. Dort ist ein Getreidesilo. Der Kapitän sagte: ›Wir sollen Gefangene an Bord nehmen. Näheres weiß ich nicht.‹ Wir dachten natürlich an Kriegsgefangene, die dort untergebracht werden sollten. Am 18. April kamen schon SS-Leute an Bord. Es war natürlich ein tiefes Stillschweigen über alles, was geschehen sollte. Kapitän Jacobsen wurde zu irgendeiner Konferenz geholt, zusammen mit Kapitän Bertram von der ›Cap Arcona‹. Als er zurückkam, erklärte er uns bedrückt: ›Es kommt etwas auf uns zu. Wir sollen darüber Stillschweigen bewahren, aber es wird doch nicht zu verheimlichen sein: Es kommen KZ-Häftlinge an Bord. Kapitän Bertram und auch ich, wir haben uns geweigert, die Häftlinge an Bord zu nehmen. Aber morgen ist noch einmal eine Zusammenkunft.‹

Von dieser Unterredung kam Kapitän Jacobsen ganz niedergeschlagen zurück. Er stand auf dem Bootsdeck mit dem 1. Offizier Andresen und mit dem 1. Ingenieur Lau zusammen und sagte: ›Jetzt hab ich über mein eigenes Schiff nichts mehr zu sagen.‹

Bald danach kamen die Züge an. Es begann die Einschiffung dieser KZ-Häftlinge. Vorher hatte ein Arbeitskommando an Deck so eine Art provisorische Toilettenanlage eingebaut. Dann kamen die Leute. Kapitän Jacobsen und ich standen auf dem Bootsdeck und sahen uns das an. Daß es in Deutschland KZs gab, wußten wir, das wußten fast alle. Seeleute waren noch am wenigsten informiert, weil wir ja selten im Hafen waren und dann ganz andere Interessen hatten, als uns um Politik zu kümmern. Wir wußten auch, daß Konzentrationslager keine Erholungsheime waren. Aber wie die Leute aussahen, das wußten wir nicht. Es war schockierend für uns.

Also am 20. April begann die Einschiffung. Kapitän Jacobsen war kaum ansprechbar; er war sehr niedergeschlagen.

Wir hatten nichts zu sagen, durften nichts sagen. Zuerst hieß es, wir sollten unter Deck gehen. Aber dann sah die SS doch ein, daß sie uns das nicht verbieten konnte. Die Einschiffung der Häftlinge war nicht zu verheimlichen. Das sahen ja auch die Lübecker, wie die Gefangenen dort ausgeladen wurden.

Da sahen wir die ersten schrecklichen Szenen: Es waren auch Tote in den Waggons. In der Nähe des Getreidesilos am Holstenhafen wurden Gräben ausgehoben, da wurden die Toten reingeworfen. Dann, ich habe es selbst gesehen, ging ein SS-Mann mit einer Pistole dorthin und schoß ein paarmal. Auf wen er schoß, konnte man von oben nicht sehen.

Bei der Einschiffung der Häftlinge war das schwedische Rote Kreuz dabei. Die Häftlinge bekamen Pakete, ähnlich den Care-Paketen. Aber nur die westeuropäischen Gefangenen, die Russen nicht ... Auch die Deutschen hatten Pakete. Die Schweden waren da mit dunklen Lastwagen, und so wie die Häftlinge an Bord kamen, so bekamen sie auch die Pakete. Die Schweden hatten eine Rotkreuz-Uniform an.

Ich kam mit einem SS-Mann ins Gespräch. Er war ein Apotheker aus Bütow in Pommern, aus der Gegend, aus der ich auch stamme. Dieser Mann sagte mir: ›Himmler macht zur Zeit Friedensverhandlungen.‹ Den Namen des Mannes weiß ich nicht. Ich habe auch einen Häftling kennengelernt, der war Journalist, ich weiß auch seinen Namen nicht. Mit dem habe ich sehr vielgesprochen. Der war in Neuengamme in der Registratur, ein politischer Häftling. Er hat mir erzählt, wie das Leben im KZ war.

Der SS-Apotheker sagte mir: ›Die Häftlinge sind an Bord, weil sie den Engländern übergeben werden sollen. Das haben die Schweden zur Vorbedingung von Kapitulationsverhandlungen gemacht.‹ Es waren Gerüchte, wie sich nachher herausstellte. Aber man glaubte damals alles.

Die schwedischen Pakete hatten Folgen, die wir nicht vorausgesehen hatten, auch die Häftlinge nicht. Es gab, je nach körperlicher Verfassung, sportliche Typen, die gesund und gut genährt wirkten, und es gab Menschen, die nur aus Haut und Knochen bestanden. Die mußten gestützt werden. Diese Menschen aßen nun auch von den Paketen, und darunter waren Dosen mit Schmalz. Dann trat der große Durst ein. Abends war aus den Laderäumen ein Schreien nach Wasser zu hören.

Der 1. Offizier Andresen ordnete an, durch eine Wasserpumpe von einem Tank des Schiffes Wasser in die Räume zu geben. Aber es waren, auf die Menge der Häftlinge gesehen, nur Tropfen. Die Folge war: Am nächsten Tag holten wir zwanzig bis dreißig Tote aus den Laderäumen. Und an jedem weiteren Morgen wieder zwanzig bis dreißig tote Menschen.

Die Häftlinge blieben nun ein, zwei Tage an Bord und kamen dann auf die ›Athen‹, die brachte sie raus zur ›Cap Arcona‹. Zuerst wurden sie dort abgelehnt und sind zurückgekommen. Aber am nächsten Tag brachte man sie wieder hinaus. Die SS-Leute hatten Kapitän Bertram die Pistole auf die Brust gesetzt. Da mußte er sie übernehmen. Es kamen nicht alle Häftlinge weg; die politischen blieben bei uns an Bord. Es waren auch Papiere über die Häftlinge vorhanden.

Was mich so erstaunte, das war, wie das alles klappte, die Organisation. Die SS hielt sich im Hintergrund. Es waren die ›Kapos‹, die ungeheuer brutal vorgingen. Sie hatten eine gewaltige Macht, die Reitpeitsche in der Hand. Das Ganze klappte durch Strenge und durch Brutalität.

›Sind das auch Häftlinge?‹, fragte ich den SS-Mann. ›Ja‹, sagte er, ›das sind auch Häftlinge.‹ Ich fragte: ›Sind das Politische?‹ ›Nein‹, antwortete er, ›die können wir nicht dazu nehmen, die geben sich auch nicht dazu her. Das hier sind Leute, die Brutalität gewohnt sind.‹ Ich erfuhr nachher, daß es kriminelle Häftlinge waren.

Der Chefkapo, der sich durch besondere Brutalität auszeichnete, ließ zum Beispiel einen Häftling auf der Luke auspeitschen. Es wurde gesagt, er habe gestohlen. Ein einfacher SS-Mann befahl, sie sollten darauf achten, daß so etwas nicht von anderen Leuten an Land gesehen wurde. Der SS-Mann beschwerte sich bei einem höheren SS-Offizier an Bord. Aber der Kapo bekam recht. Solche Macht hatten die Leute dort.

Die Toten, die wir dann täglich morgens aus den Laderäumen herausholten, wurden mit Lastwagen abgefahren. Wir wußten nicht, wohin sie kamen.

Die Häftlinge haben mir gesagt, daß die Verpflegung an Bord besser war als im Lager die Kaltverpflegung. Von Hamburg hatte man Konserven gebracht, die bei den Luftangriffen auf die Lagerschuppen beschädigt und dadurch aufgequollen waren.

Wir warteten auf das Kriegsende. Die Gespräche wurden schon freier an Bord. Die SS wurde immer mehr reduziert. Zum Schluß hatten wir nur noch drei oder vier Mann SS auf der ›Thielbek‹. Die anderen wurden ersetzt durch Volkssturm, Marine-Artillerie, Männer im Alter von 55 bis 60 Jahren, die zur Bewachung an Bord kamen.

Ich fragte den SS-Apotheker: ›Was geschieht denn mit den SS-Leuten?‹ Er antwortete: ›Wir sollen hier eine Auffanglinie bilden und Schleswig-Holstein verteidigen.‹

Das kam mir damals schon komisch vor. Es waren nur Ausreden. Die SS-Leute an Bord hatten keinerlei Auszeichnungen, und welcher Soldat im Krieg war schon ohne Auszeichnungen, wenn er im Fronteinsatz gewesen war? Die SS-Leute waren nicht an der Front gewesen, sie wollten nur verschwinden und untertauchen.

An Deck lagen Strohballen. Das Stroh wurde für die Laderäume gebraucht, wir hatten ja keine Betten. Unter einer Persenning waren größere Vorräte Lebensmittel gelagert. Die Verteilung der Lebensmittel klappte nicht richtig. Die ersten hatten am meisten zu essen, aber bis zu den gefangenen Russen unten im Laderaum und den Kranken kam kaum etwas runter.

Wer so krank war, daß er sich nicht selbst helfen konnte, dem wurde wenig geholfen. Es war wohl der reine Selbsterhaltungstrieb, an sich selbst zuerst zu denken.

Mit der Latrine war es fürchterlich. Kübel wurden in die Laderäume hinuntergelassen und gefüllt wieder raufgeholt. Unten herrschte ein entsetzlicher Gestank. Es waren sehr, sehr viele Kranke mit ruhrartigen Durchfällen an Bord. Die waren ja gar nicht in der Lage, bis zu den Kübeln zu kommen. Sie waren mit Kot beschmiert.

Dann wurden diese kranken Leute raufgeholt und nackt ausgezogen. Ende April standen sie vollkommen nackt in der Kälte. Nur Knochen und Haut, mit Kot beschmiert, und dann mußten sie sich gegenseitig mit kaltem Hafenwasser waschen. Das hatten die Kapos organisiert. Daß diese Kranken das überlebt haben, glaube ich nicht. Die sind bestimmt am andern Tag unter den Toten gewesen.

Magen-Darm-Krankheiten grassierten. Es gab keine Medikamente. Es gab keinen Arzt. Die Menschen, die krank waren, waren zum Tode verurteilt.

Und noch etwas: Bei uns auf der ›Thielbek‹ waren auch zwei SS-Hundeführer mit scharfen Hunden an Bord, die auf den Geruch der Häftlinge dressiert waren – falls einer fliehen sollte. Die Hunde waren auf dem Vordeck angekettet. Zum Einsatz kamen sie an Bord nicht.«

Der Verwaltungsführer rechnet ab

Am Morgen des 20. April 1945 erscheint der SS-Sturmbannführer Christoph-Heinz Gehrig in Lübeck. Er ist der Beauftragte des Neuengammer KZ-Kommandanten Max Pauly. Der hat während dieser Zeit anderes zu tun. Er regelt gerade die Ermordung von zwanzig jüdischen Kindern, an denen in Neuengamme Tuberkuloseversuche gemacht worden waren. Sie sollen beseitigt werden, damit sie nicht den Engländern als lebende Zeugen für die Verbrechen der SS in die Hände fallen.

An seiner Stelle schickt er den »Verwaltungsführer« des Konzentrationslagers auf die »Cap Arcona«, um die Häftlinge auf der Fahrt in den Tod zu begleiten. Sechs Jahre später, am 8. Februar 1951, gibt seine Frau Lydia in Dietlingen bei Pforzheim eine eidesstattliche Versicherung ab, um ihren Mann für tot erklären zu lassen. Darin sagt sie, daß ihr verschollener Mann »im Rahmen seiner Zahlmeisterlaufbahn zur Waffen-SS abkommandiert« worden sei. Er habe »sich beim Begleitpersonal eines nach Schweden abgehenden Transports zur Abrechnung befunden... Die Nachricht von der Zugehörigkeit meines Manns zu einem Begleittransport auf dem Dampfer ›Arcona‹ erhielt ich von dem Kaufmann Julius Panitz in Pforzheim, Hoheneckstraße 40.« Dieser Panitz war ebenfalls SS-Angehöriger. Er drückt sich sehr vorsichtig aus. Es ging ja um die Rente für einen SS-Kameraden und KZ-Wächter: Der »Kamerad Christoph Gehrig« habe als »Verwaltungsführer den Transport der entlassenen Nordländer auf dem Dampfer ›Cap Arcona‹ begleitet... Bei deren Verlust soll er bei den Todesopfern gewesen sein.«

In Wirklichkeit sieht die »Abrechnung« des SS-Sturmbannführers so aus, daß er dem Kapitän Nobmann auf der »Athen« den Befehl gibt, sofort 2300 KZ-Gefangene und 280 SS-Bewacher aus Neuengamme an Bord zu nehmen und auf die »Cap Arcona« zu bringen.

Nobmann will nicht. Das Schiff sei zu klein und die Fahrt zu gefährlich. Er habe keine Rettungseinrichtungen an Bord. Gehrig droht ihm an, er werde bei Befehlsverweigerung vors Standgericht gebracht und erschossen. Der Kapitän gehorcht. Am Nachmittag des 20. April werden die Gefangenen von den SS-Leuten auf die »Athen« geprügelt.

Der ehemalige polnische Soldat Tadeusz Kwapínski erinnert sich an die steilen Jakobsleitern: »Mit Schreien und Hieben jagten uns die SS-Männer und Kapos an Bord des Schiffes. Wir stiegen über Fallreeps in die tiefen Luken. Bei der Eile stürzten mehrere Häftlinge aus großer Höhe in die Tiefe, wurden schwer verletzt, erlitten Quetschungen oder Brüche. Unten konnten wir uns kaum bewegen. Wir lagen nebeneinander auf schrägen Bordwänden. Es war dunkel, kalt und feucht. Toiletten gab es nicht, auch kein Wasser. Es begann zu stinken. Nach mehreren Stunden verließ das mit Häftlingen vollbeladene Schiff den Hafen.«

Die »Athen« fährt in die Lübecker Bucht hinaus. Vor Neustadt macht sie an der »Cap Arcona« fest. Kapitän Nobmann verhandelt mit Kapitän Bertram. Der weigert sich, die Häftlinge zu übernehmen. Auch als SS-Leute an Bord erscheinen, bleibt Bertram bei seiner Weigerung. Schließlich geht Nobmann wieder zurück auf die »Athen«. Der Frachter wirft die Leinen los, bleibt aber über Nacht auf der Reede vor Neustadt liegen. Am nächsten Morgen fährt die »Athen« wieder zurück nach Lübeck. Es ist der 21. April. Die Häftlinge bekommen nichts zu essen, nichts zu trinken.

Später, im Mai 1945, hat Nobmann darüber ein Protokoll geschrieben: »Am 20. April um 6 Uhr begann die Einschiffung von ca. 2300 Häftlingen und ca. 280 Wachmannschaften, die mit der Eisenbahn längsseits des Schiffes gefahren waren. Da noch Motorenteile der ›Athen‹ zur Reparatur an Land waren, konnte die ›Athen‹ erst um 17 Uhr fahren. Abends ca. 20.30 Uhr wurde Neustadt Reede erreicht. Auf der Überfahrt erhielt ich vom Transportführer den Befehl, die Häftlinge längsseits der ›Cap Arcona‹ zu bringen, welche dort auf der Reede lag. ›Cap Arcona‹ verweigerte die Annahme der Häftlinge. ›Athen‹ ging in der Nähe der ›Cap Arcona‹ vor Anker. Auch am nächsten Morgen verweigerte ›Arcona‹ die Annahme der Häftlinge.«

Auf den Lübecker Kais kommen immer neue Transporte an. Inzwischen hat die SS die Gefangenen auch auf die »Thielbek« getrieben. »Wir wurden in die Laderäume unter Deck gebracht, wo wir nicht viel sehen und nicht viel wissen konnten«, erinnert sich der polnische KZ-Gefangene Mieczyslaw Chmielewski. »Zum Glück waren wir nicht so hungrig, jedenfalls nicht meine Freunde und ich, denn wir hatten vor der Abfahrt einen halben Laib Brot und ein Stück Wurst organisiert, jeder. Unter uns ging das Gerücht, wir sollten nach Schweden evakuiert werden. In Lübeck werde uns die Wehrmacht übernehmen.«

Der Kapitän soll erschossen werden

Alles Gerüchte. Die SS gibt die Gefangenen nicht ab. Der Sturmbannführer Gehrig informiert den KZ-Kommandanten Pauly, daß sich Kapitän Bertram weigert, die Gefangenen auf die »Cap Arcona« zu übernehmen.

Der informiert den Gestapo-Chef Graf Bassewitz-Behr, der wiederum trägt die Sache dem Gauleiter Kaufmann vor. Und der schickt noch am selben Abend, 21. April 1945, seinen persönlichen Referenten, den SS-Hauptsturmführer Horn, zum Vorstandsvorsitzenden der Hamburg-Süd, John Eggert: Kapitän Bertram habe den Befehl der SS zu befolgen, die KZ-Gefangenen an Bord zu nehmen. Sonst werde er erschossen.

Die Reederei sieht ihr Schiff in Gefahr. Eggert telefoniert mit Bertram. Der ruft den »Seetrachef« der Kriegsmarine an, seinen Kollegen Admiral Engelhardt. Alles Leute, die an ihre Kapitänspatente denken und an ihre Nachkriegschancen. Allen ist klar, daß die »Cap Arcona« ein Todeskommando ist und mit den Gefangenen versenkt werden soll. Ob ihnen nun das Leben der zwölftausend Menschen in den gestreiften Anzügen mehr am Herzen liegt oder das schöne Schiff – sie versuchen alle, das Verbrechen zu verhindern. Engelhardt schickt den Kapitän Rössing zum Gauleiter Kaufmann. Doch der dringt nur bis zum SS-Hauptsturmführer Horn vor und bringt dort den formellen Protest der Kriegsmarine gegen die Beschlagnahme der »Cap Arcona« vor.

Horn lehnt kühl ab und gibt dem Kapitänleutnant Lewinski den Befehl, zusammen mit dem SS-Sturmbannführer Gehrig mit Waffengewalt den Beschlagnahmebefehl durchzusetzen.

Fünf Tage sind inzwischen vergangen. Am 26. April treffen sich Lewinski und Gehrig in Lübeck. Sie fahren zusammen nach Neustadt und lassen sich mit einem Motorboot der U-Boot-Schule zur »Cap Arcona« übersetzen. Begleitet sind sie von einem bewaffneten SS-Kommando.

Kapitän Bertram versucht mit Lewinski und Gehrig zu verhandeln. Die lassen sich nicht darauf ein. Sie stellen dem Kapitän ein Ultimatum: Entweder gebe er sofort die Erlaubnis, daß die »Athen« längsseits festmache und ihre Häftlinge an die

»Cap Arcona« abgebe, oder er werde ohne Standgerichtsverhandlung an Bord erschossen.

Bertram gibt nach. Sein Zweiter Offizier Thure Dommenget will von Bertram gehört haben: »Ich habe eine Frau und zwei Töchter, für die ich Verantwortung trage. Aus diesem Grunde werde ich den Befehlen des Wahnsinns Folge leisten.«

Später schreibt der Kapitän einen Bericht:

»Am 27. Februar 1945 habe ich auf Veranlassung meiner Reederei, der Hamburg-Südamerikanischen Dampfschiffahrts-Gesellschaft, im Einvernehmen mit der Kriegsmarine, das Kommando des 28 000 tons großen Passagierschiffs ›Cap Arcona‹ übernommen. Vom Kapitän der ›Athen‹ erfuhr ich, daß die Verschiffung von etwa 12 000 Häftlingen in Lübeck begonnen hätte und daß diese in der Hauptsache auf der ›Cap Arcona‹ untergebracht werden sollten. Es war für mich selbstverständlich, die Annahme der Häftlinge zu verweigern, denn jeder verantwortungsbewußte Seemann weiß, daß es in Anbetracht des ungeheuren Risikos zur See während eines modernen Kriegs unverantwortlich ist, Menschen ohne die ausreichende Notwendigkeit ihrer Beförderung zur See, noch dazu in einer derartig massierten Form, an Bord zu nehmen.

Am Donnerstag, den 26. April, erschien der die gesamte Verschiffung leitende SS-Offizier, Sturmbannführer Gehrig, in Begleitung eines ihm zur Beratung beigegebenen Handelsschiffskapitäns und eines Exekutivkommandos, bestehend aus einem Hauptsturmführer und drei SS-Soldaten, bewaffnet mit Maschinengewehren. Gehrig brachte mir den schriftlichen Befehl zur Kenntnis, mich sofort zu erschießen, falls ich mich noch weiter weigern würde, die Häftlinge an Bord zu nehmen.

Es wurde mir nun klar, daß auch mein Tod nicht die Einschiffung der Häftlinge würde verhindern können, und so erklärte ich dem SS-Offizier, daß ich von nun an die Verantwortung für mein Schiff grundsätzlich ablehnen müsse.

Gehrig veranlaßte nun die Übernahme der Häftlinge von ›Athen‹ auf ›Cap Arcona‹. Weitere Transporte kamen von Lübeck an, so daß ich am 28. April etwa 6 500 Häftlinge an Bord hatte, trotzdem der beratende Handelsschiffskapitän das Fassungsvermögen des Schiffes auf höchstens 3 500 erachtet hatte.

Am Sonntag, den 29. April, bin ich nach Hamburg gefahren, um mich von dem für alle deutschen Kapitäne geltenden Befehl, das Schiff bei Feindannäherung zu versenken oder zu zerstören, entbinden zu lassen. In Hamburg wurde mir gesagt, daß der Graf Bernadotte von Schweden sich soeben bereit erklärt hätte, die Häftlinge mit Ausnahme der deutschen zu übernehmen. Es seien bereits schwedische Schiffe unterwegs, und ich solle schleunigst nach Neustadt zurückkehren.

Zu erwähnen ist noch, daß am Montag, den 30. April, durch die ›Athen‹ 2 000 deutsche Häftlinge von Bord genommen wurden, die nicht nach Schweden überführt werden sollten, so daß zur Zeit der Versenkung resp. Vernichtung des Schiffes nur etwa 4 500 Häftlinge an Bord waren.«

Die angeblich geplante Übernahme von Häftlingen durch das schwedische Rote Kreuz ist eine Notlüge. Zwar hat sich der Graf Bernadotte mit Himmler heimlich in Lübeck getroffen. Aber es geht bei den Verhandlungen nur um skandinavische Häftlinge, und die haben inzwischen mit den »Weißen Bussen« des schwedischen und dänischen Roten Kreuzes die Lager und Nazi-Deutschland verlaßen. An Bord der »Cap Arcona« und der anderen beiden Schiffe sind keine skandinavischen Häftlinge. Was Himmler bei diesen und anderen Verhandlungen versprochen hat, zum Beispiel mit Norbert Masur vom Jüdischen Weltkongreß, hat er nicht gehalten: Er wolle Hitlers Befehl, die KZ-Lager zu sprengen oder die Gefangenen auf andere Weise zu töten, nicht weitergeben und nicht ausführen lassen. Statt dessen wolle er alle Konzentrationslager den alliierten Truppen übergeben.

Kapitän Bertram kann sich sofort nach der Rückkehr auf sein Schiff davon überzeugen, daß die SS ganz anderes mit den Häftlingen vorhat, als sie nach Schweden zu bringen.

Noch ehe die »Athen« wieder an der »Cap Arcona« festmacht, kommt von Neustadt eine Barkasse mit SS-Leuten. Unter dem Kommando des SS-Untersturmführers Kirstein werden alle Rettungsringe und Schwimmwesten aus ihren Halterungen genommen und in Stauräume eingeschlossen. Ebenso alle Bänke, die als Flöße gebraucht werden könnten. Die SS-Leute behalten die Schlüssel. Nun kann die »Cap Arcona«

versenkt werden, ohne daß sich die Gefangenen retten können.

Die Russen kommen in den tiefsten Bunker

Drei Tage lang fährt die »Athen« zwischen dem Lübecker Hafen und der »Cap Arcona« hin und her. Dann sind 6500 Gefangene an Bord, bewacht von 600 SS-Wächtern. Auf dem Schiff geht das Sterben weiter. Es gibt kaum etwas zu essen und zu trinken. Jeden Tag bringt eine Barkasse Trinkwasser zum Schiff und nimmt die Leichen von der »Cap Arcona« nach Neustadt zurück.

Am schlechtesten werden die Russen behandelt, allesamt Kriegsgefangene, Soldaten und Offiziere der Roten Armee. Sie sind in den untersten Bunker des Schiffes eingesperrt, den Bananenbunker, ohne Luftzufuhr, fast ohne Licht. »Die SS-Bewachung öffnete mal die Luken und schloß sie dann wieder. Der Mangel an Sauerstoff wurde immer größer«, berichtet der Offizier Aleksander Machnew. »Oben, unter dem Glasdach des Restaurants, war die SS-Bewachung untergebracht. So vergingen vier Tage. Wir erhielten nichts zu essen. Westlich im hellen Sonnenschein waren im bläulichen Dunst, etwa sieben bis acht Kilometer entfernt, die Ufer zu erkennen. In der Mitte des Schiffes, auf dem Platz zum Eingang zu unserem Deck, wuchs der Stapel der aufgetürmten Leichen unserer Kameraden. Er wurde immer größer und verwandelte sich in einen riesigen Haufen entblößter, verhungerter Körper, und niemand wunderte sich darüber. Und niemand war davon ausgenommen, diesen Platz ebenfalls auszufüllen.«

Dommenget, der Zweite Offizier, schildert das viel harmloser: »Die Einschiffung der Häftlinge geschah in disziplinierter Weise. Häftlinge wurden weder mißhandelt noch getötet. Es wurden zwar Tote in gewissen Zeitabständen, die ich heute nicht mehr eingrenzen kann, von Bord nach Neustadt gebracht, aber diese waren eindeutig an Hunger oder Entkräftung gestorben.«

Mitfühlender sieht das der Kapitän John Jacobsen auf der »Thielbek«. Am 24. April 1945 schreibt er einen Brief an seine Frau, den letzten seines Lebens:

»Wie mir gesagt wurde, sterben laufend die Leute weg. Jedenfalls werden morgens erst mal die Toten aus den Räumen entfernt. Bei uns waren es heute morgen fünf Mann. Da dieser Friedhof sich aber zu schnell vergrößern würde, werden sie nun abgeholt ... Zum Teil Kazet-Gefangene, Arrest- und Untersuchungshäftlinge aller Alters- und Gesellschaftsklassen von 14 bis 70 Jahren und vom Minister über Professoren, Doktor, Kapitänleutnant bis zum Arbeiter, alles ist vertreten. Deutsche, Ungarn, Polen, Franzosen usw. stellen die Nationalitäten dar.

Die Ausländer müssen in die Räume gehen und dort bleiben, dürfen nicht an Deck. Sie sind eingepfercht wie Sardinen.

Zuerst sieht man dies alles mit sehr erschreckten Augen an. Man gewöhnt sich aber schnell daran, noch dazu, weil die Leute ihren Zustand auch nicht so tragisch nehmen. Wenn die Bewachung auch aus Soldaten besteht, Disziplin und Ordnung halten dafür abgeteilte Gefangene, also ihre Genossen selbst. Auch die ganze Verteilung der Nahrungsmittel liegt in den Händen der intelligenteren Genossen, die mit Notizbuch und Bleistift Brote und Margarinepakete ausdividieren und einteilen. Wenn nur etwas mehr Reinlichkeit herrschen würde bei der ganzen Aufteilung. Aber auf den Luken, wo die Brote gelagert, aufgeteilt und verteilt werden, haben kurz vorher noch Tote gelegen oder waren die Kübel aufgestellt. Vielleicht sind sie ja frohgemut, weil sie das Ende nahen sehen und damit die Freiheit und wahrscheinlich auch die Rache, wer weiß?«

Noch einmal macht die »Athen« an der »Cap Arcona« fest, am 30. April. Diesmal bringt sie keine Gefangenen, diesmal holt sie. Die SS hat befohlen, zweitausend Menschen wieder auf die »Athen« zurückzunehmen. Denn die »Cap Arcona« ist so überfüllt, daß es selbst für die SS-Leute nicht mehr auszuhalten ist vor Hunger, Gestank und Toten.

»Der Transportführer sagte mir, es sollten dänische und schwedische Schiffe kommen und die Häftlinge abholen«, steht in dem Protokoll von Kapitän Nobmann. Bis zum Tod wird die Lüge aufrechterhalten.

Hitler ist tot – ist das die Rettung?

Der Gefangene Erwin Geschonneck ist 38 Jahre alt, von denen er fünf in Konzentrationslagern verbracht hat. Ein politischer Mensch, geschulter Kommunist, erfahren als illegaler Organisator. In Dachau ist er Kapo der eingesperrten Pfarrer gewesen. Weil er sich geweigert hat, auf Befehl der SS einen Häftling zu erhängen, hat man ihn zur Strafverschärfung nach Neuengamme gebracht. Dort arbeitet er im geheimen Lagerkomitee. Aber durch die plötzliche Evakuierung sind die Strukturen zerschlagen worden.

Doch auf den Schiffen bilden sie sich sofort wieder. Das neue Komitee auf der »Cap Arcona« leitet der sowjetische Major Wassilij Bukrejew. Erwin Geschonneck wird beauftragt, die Verbindung zu Kapitän Bertram herzustellen.

Den Gefangenen ist jeder Kontakt zur Schiffsbesatzung verboten. Sie dürfen ihre Kajüten und Bunker nicht verlassen. Die SS hat, wie üblich, die Todesstrafe angedroht. Aber, wie ebenfalls üblich, halten sich die Gefangenen nicht daran.

Ein politischer Gefangener aus Stuttgart, Julius Schätzle, kann am 28. April, zwei Tage nach der Einschiffung, mit einem der Schiffsoffiziere ein langes Gespräch führen. Der vermittelt den Kontakt zwischen dem Kapitän und dem Gefangenen Geschonneck.

Am Abend des 1. Mai 1945 treffen sich die zwei. Der Kapitän sagt dem Gefangenen, daß Hitler Selbstmord begangen hat. Berlin sei zum größten Teil von der Roten Armee besetzt. In kurzer Zeit müsse der Krieg zu Ende sein.

Geschonneck will vom Kapitän wissen, welche Befehle er für das Häftlingsschiff hat. Bertram sagt ihm, daß die »Cap Arcona« manövrierunfähig ist und nicht auslaufen kann. Was die SS plant, weiß er nicht. Geschonneck sagt ihm, die Gefangenen befürchten die Versenkung durch die SS. Bertram kann das nicht glauben. Er will versuchen, weitere Informationen einzuholen und Geschonneck informieren. Der Gefangene begreift, welche Angst der Kapitän vor den SS-Leuten an Bord hat.

Die Leute, die dort schossen, waren Männer in Marineuniformen

An diesem Tag kommen neue Gefangene: Zwei große Kutter mit tausend halbverhungerten Häftlingen aus dem Konzentrationslager Stutthof bei Danzig. Viele der Menschen an Bord sind auf der langen Fahrt gestorben. Die Leichen sind ins Meer geworfen worden.

Jahrzehnte später erzählt Erna Wicht von dieser Fahrt: »Mein Schwiegervater, Gustav Wicht, war Eigentümer des Binnenschiffes ›Wolfgang‹, Heimathafen Tilsit in Ostpreußen. Sowohl mein Schwiegervater als auch mein Mann und mein Schwager waren als Besatzung auf dem Schiff kriegsdienstverpflichtet. Unser Schiff hatte keine eigene Triebkraft, wir waren auf Schlepper angewiesen.

In Hela wurde uns vom Festungskommandanten gesagt: ›Ich habe für Sie eine gute Ladung ausgesucht.‹ Als wir zurück zum Schiff kamen, sahen wir schon die KZ-Häftlinge in Dreier- oder Viererreihen bergab zum Hafen gehen, in Häftlingskleidung, teilweise mit einem Bündel auf der Schulter. Sie wurden von SS und Feldgendarmerie angetrieben. Als wir beim Schiff waren, hatten die Bewacher schon angefangen, diese Leute auf das Schiff zu treiben.

An einen Offizier der Feldgendarmerie kann ich mich besonders erinnern. Er trug einen armdicken Birkenknüppel bei sich, mit dem er ständig die Menschen in den Laderaum stieß und sie damit schlug.

Es war der 17. April 1945, als wir die Häftlinge an Bord nahmen. Etwa um 14 Uhr wurde der Geleitzug zusammengestellt. Unser Schiff wurde vom Schlepper ›Adler‹ geschleppt. Ein weiterer Schleppkahn, ›Vaterland‹, wurde von dem Schlepper ›Bussard‹ geschleppt. Weiter waren im Geleitzug noch einige Landungsboote der Marine, die eigentlich für die Invasion in

England gebaut waren. Auch auf diesen Fähren waren KZ-Häftlinge.

Einmal auf See sah ich einen SS-Mann auf dem Vorderdeck, wo dieser einen Polen erschoß, der angeblich zwei Hühner gestohlen haben sollte. Der Häftling Boris erzählte uns, daß viele der Häftlinge an Hunger starben, andere nachts nicht zurückkamen, wenn sie an Bord gegangen waren, um ihr Bedürfnis zu verrichten. Ob sie ins Meer gestoßen wurden oder wegen ihrer Schwäche hineinfielen, kann man nicht sagen. In Saßnitz auf Rügen wollten wir Trinkwasser und Verpflegung aufnehmen; als die Marine dort hörte, daß wir KZ-Häftlinge an Bord hatten, bekamen wir nichts und mußten sofort den Hafen verlassen. In Stralsund bekamen wir wieder keine Verpflegung und klauten Kartoffeln aus einem Güterzug am Hafen. Dann sollte Wismar angelaufen werden. Aber wieder, weil wir KZ-Häftlinge an Bord hatten, durften wir nicht einlaufen. Am 2. Mai 1945 vormittags legten wir im Hafen von Neustadt an. Wir bekamen zwar Trinkwasser, aber über die Menge weiß ich nichts.

Wir wurden zunächst wieder nach Lübeck geschleppt. Dort konnten wir dann Verpflegung bekommen. Ob die Häftlinge an Bord davon etwas abbekamen, kann ich nicht sagen. Nach zirka zwei bis drei Stunden rückte dort der Engländer ein – er fuhr schon mit den Panzern über die Herrenbrücke – und wir mußten sofort auslaufen. Die SS-Leute hatten am meisten Angst, von den Engländern festgenommen zu werden. Dann wurden wir wieder nach Neustadt geschleppt. Über Lichtsignale bekam unser Schlepper den Befehl aus der U-Schule oder aber vom Hafenkommandanten Kastenbauer, daß wir längsseits der ›Thielbek‹ geschleppt werden sollten. Als es dunkel geworden war, kam der Schlepper ›Adler‹ bei uns längsseits. Zuerst bekamen die Zivilpersonen den Befehl, das Schiff zu verlassen, sofort auf den ›Adler‹ zu steigen. Als Grund wurde angegeben, daß sowohl die Schleppkähne als auch die KZ-Schiffe gesprengt werden sollten. Mein Schwiegervater weigerte sich, das Schiff zu verlassen.

Wir anderen verließen den ›Wolfgang‹ und fuhren in den Hafen von Neustadt. Noch bevor wir den Hafen erreichten, hörten wir einen fürchterlichen Knall, sahen ein Aufblitzen und hörten Geschrei. Gleich darauf war wieder Totenstille. Wer dort gesprengt hat und was gesprengt wurde, konnten wir nicht sehen.

Die Nacht vom 2. auf den 3. Mai 45 verbrachten meine Familie und ich im Hafen von Neustadt an Bord des Schleppers ›Bussard‹. Die Bewachungsmannschaften der beiden Schleppkähne ›Wolfgang‹ und ›Vaterland‹ hatten die Kähne verlassen und waren mit den Schleppern nach Neustadt gefahren. Die Schlepper hatten an der U-Schule festgemacht.

Am Morgen des 3. Mai 1945 hieß es von der U-Schule aus, daß die Kähne in der Nacht gestrandet sind, und die Häftlinge hätten sich selbständig gemacht.

Etwa zwischen 8 Uhr und 9 Uhr ging mein Mann los, um nach unserem Schleppkahn zu sehen. Als er auf der Hafenseite gegenüber der U-Schule entlangging, am Jungfernstieg, wurde von der U-Schule herübergeschossen. Mein Mann erzählte mir, daß am Wege tote Häftlinge lagen. Er hatte aber nicht gesehen, wie sie umgebracht wurden.

Mein Mann erzählte weiter, daß, als er unsern Kahn erreichte, kein Wehrmachts-, Marine- oder SS-Angehöriger mehr zu sehen war. Die Häftlinge waren nicht mehr da. Aber am Strand lagen viele Tote, und auch im ›Wolfgang‹ lagen so etwa 27 bis 30 Tote.

Nachdem mein Mann den Kahn gefunden hatte, kam er zurück zum Hafen, um uns, seine Familie, zu holen. Wir wollten weiter auf unserm Kahn wohnen. Während mein Mann mit den Koffern in einem kleinen Ruderboot zu unserm Schiff fuhr, gingen meine Tante und ich zu Fuß am Jungfernstieg entlang. Wir sahen, daß auf dem unteren Weg KZ-Häftlinge uns entgegengesetzt geführt wurden in Richtung Neustadt.

Ich hatte den Eindruck, daß von der U-Schule aus über den Hafen auf diese Leute geschossen wurde. Die Leute, die dort schossen, waren Männer in Marineuniformen. Ich habe selbst gesehen, wie auf Höhe des Tümpels, der heute Yachthafen ist, mindestens zehn – es können auch mehr gewesen sein – Häftlinge erschossen wurden. Ich sah sie erst noch gehen, dann hörte ich das Geknalle und das Geschrei, dann lagen alle tot am Boden.

Am Strand in der Nähe unseres Schiffes lagen bestimmt über 100 Tote.

Es wird etwa zwischen 10 und 11 Uhr gewesen sein, als wir unser Schiff erreichten. Es lag etwa hundert Meter weit vor dem Strand im Wasser. Der ›Vaterland‹ war mit unserm Schiff seit Anlegen an der ›Thielbek‹ zusammengebunden und lag nun neben uns auf der dem Strand zugewandten Seite. Beide Schiffe lagen längs des Strandes mit den Vorderteilen Richtung Neustadt.

Wie mein Schwiegervater mir später erzählte, wurde er von den Häftlingen in die Kajüte eingesperrt. Die KZler machten sich an Bord selbständig, holten Beile aus dem Freiraum und kappten die Leinen zur ›Thielbek‹. Durch Wind und Strömung trieben sie dann an den Strand. Die Lukendeckel benutzten sie dann als Flöße. Ob mein Schwiegervater Erschießungen an Bord gesehen hat, weiß ich nicht. Er hat zu mir nie darüber gesprochen.«

Ganz anders als Erna Wicht hat einer der Bewacher die Fahrt der Stutthof-Kähne mit den KZ-Häftlingen erlebt. Der Marinesoldat Horst Thieme sagt in seiner polizeilichen Vernehmung: »An Bord der Schute ›Vaterland‹ waren meiner Schätzung nach zirka 50 Uniformierte, also Waffen-SS und die anderen zusammen. So lange ich an Bord war, habe ich zu keiner Zeit gesehen, daß einer der Häftlinge ermordet worden wäre. Ich habe zwar gesehen, daß Häftlinge über Bord geworfen wurden, aber uns wurde gesagt, daß sie tot seien und ins Meer geworfen würden wegen der Seuchengefahr. An dieser Darstellung hatten wir von der Besatzung eigentlich keine Zweifel. Wir hatten ja gesehen, in welch schlechter Verfassung die waren. Wenn Tötungen vorgekommen sein sollten, so muß das nachts passiert sein. Tagsüber habe ich jedenfalls nichts gesehen.«

An Bord ist auch der 24jährige Pole Wladyslaw Bak, der vom Schleppkahn aus schwimmend an Land flüchtet, »aus Furcht, man könnte unser Schiff torpedieren. Ich habe gesehen, wie die auf der Barkasse gebliebenen Häftlinge, die nicht herunterkommen konnten, und diejenigen, die am Ufer waren und zu schwach zum Weitergehen, von den Deutschen getötet wurden. Sie schossen auf die Häftlinge. Sie trieben die Häftlinge von den Barkassen in die See, und wenn einer von denen noch lebte, schoß man auf ihn. Die See, die Barkassen und das Ufer waren voller Leichen. Die See verfärbte sich rot von dem Blut. Es wurden an die einhundert Häftlinge, wenn nicht mehr, getötet. Diejenigen, die gehen konnten, wurden in das Stadion von Neustadt geführt. Wir waren zirka 1000 Personen. Wir gingen zu fünft in der Reihe, die Kolonne war zirka einen Kilometer lang, vielleicht auch mehr. Nach Ankunft im Stadion mußten wir uns hinsetzen. Wir gingen zirka zwei Stunden bis zum zwei Kilometer vom Ufer entfernten Stadion, da wir alle kaputt waren und kaum lebten. Am 3. 5. 1945 um 15 Uhr mußten wir eine Kolonne bilden, und man begann, uns aus dem Stadion zu führen. Wir gingen etwa 100 Meter, als die Deutschen plötzlich verschwunden waren, vor uns erschienen englische Panzer, wir wurden befreit. In Stadionnähe waren Marinekasernen. Die englische Armee ließ uns dort Quartier nehmen, sie gab uns nur leicht verdauliche Kost, weil wir erschöpft und ausgehungert waren. An das Ufer, wo die ermordeten Häftlinge lagen, haben uns die Engländer nicht herangelassen. Ich habe von anderen Häftlingen gehört, die in Kriegsgefangenschaft geratenen Deutschen mußten aus der See die Leichen der Häftlinge bergen und die am Ufer liegenden zusammenlegen. Sie wurden in zwei Gräbern beigesetzt. Nach zwei Wochen fand das feierliche Begräbnis unter Teilnahme der Häftlinge und der Polen, die zur Zwangsarbeit in Deutschland waren, statt.«

Das war das letzte, was wir von ihnen sahen

Der Zweite Offizier der »Thielbek«, Walter Felgner, berichtet:

»Am 2. Mai, das kam ganz plötzlich für uns, kamen zwei Schlepper zu uns. Wir lagen ja immer noch im Industriehafen von Lübeck. Sie brachten uns den Befehl: ›Sie müssen raus! Der Engländer kommt hierher. Sie müssen in die Neustädter Bucht vor Anker.‹

Die beiden Schlepper haben uns dann, weil wir mit unserem Notruder nur schlecht steuern konnten, hinausgeschleppt. Ich habe den SS-Apotheker gefragt: ›Was soll geschehen?‹ Er antwortete mir: ›Wenn die Engländer näher kommen oder die Amerikaner, dann haben sich die KZ-Lager immer selbst befreit, die Häftlinge haben die ganzen Papiere vernichtet und erklärten sich alle zu politischen Häftlingen. Das soll vermieden werden, das ist auch von Himmler ausgemacht mit Graf Folke Bernadotte.‹ Dessen Name ist gefallen. Es war bekannt, daß Himmler in Verhandlungen war. Es war gesagt, bei Bad Oldesloe wollen die sich treffen. Am 1. Mai, da war auch bei diesem Apotheker ein Aufatmen: ›Hitler ist tot, jetzt macht Himmler alles, wir sind die Herren.‹

Daß Hitler tot war, wußten auch die Häftlinge. Ein Journalist ist oft bei mir in der Kammer gewesen und hat bei mir Radio gehört. Sonst kamen wir wenig mit den Häftlingen in Berührung. Sie waren alle sehr verschüchtert. Wenn ein SS-Mann über Deck ging, mußten sie Haltung annehmen und die Kappe abziehen. Das taten sie anfangs auch bei uns. Wir sagten ihnen: ›Wir haben damit nichts zu tun. Wir sind hier Seeleute.‹ Sie sahen unsere Ärmelstreifen. Die Häftlinge wußten gar nicht, wie sie sich gegenüber uns verhalten sollten. Wir kamen hauptsächlich mit den deutschen politischen Häftlingen in Berührung. Auch dieser Journalist war der Meinung: ›Wir werden hier jetzt irgendwie übergeben. Es kann ja für uns nur besser werden, sonst hätte man uns ja nicht aus dem KZ herausgeholt und hier auf die Schiffe gebracht.‹

Auf eine größere Fahrt waren wir nicht eingestellt, etwa nach Schweden hinüber, davon war gar keine Rede. Es hieß, wir seien den Engländern gemeldet und sollten ihnen übergeben werden. ›Sehen Sie‹, sagte der SS-Apotheker zu mir, ›hier sind die russischen Kriegsgefangenen, wir haben deren Papiere an Bord, und dieses alles muß ja übergeben werden. Vor allen Dingen geht es darum, daß die vielen Kriminellen nicht frei herumlaufen.‹ Ich fragte: ›Was ist denn mit den Politischen, was werden die Engländer dazu sagen?‹ Und er antwortete mir: ›Der Engländer ist ja auch sehr national eingestellt. Wer bei dem gegen das Vaterland ist, der wird in England genauso eingesperrt wie hier. Dafür hat der Engländer Verständnis.‹ Also, die SS-Bewacher waren auch da noch von ihrer Rechtmäßigkeit überzeugt und glaubten, der Engländer werde für das Ganze Verständnis haben: Das sind Politische, die haben sich genauso strafbar gemacht wie Kriminelle. Dieser SS-Mann glaubte tatsächlich, der Engländer werde die Häftlinge, wenn sie ihm mitsamt den Papieren übergeben werden, dann schon wieder einsperren.

Schon beim Auslaufen aus Lübeck wurden wir von englischen Flugzeugen überflogen. Hinter uns lief ein U-Boot aus, das wurde von den Flugzeugen mit Bordwaffen beschossen. Wir wurden nicht angegriffen. Wir hatten die normale Handelsschiffahrtsflagge gesetzt, mit dem Hakenkreuz.

Dann wurden wir draußen vor Anker gelegt, am 2. Mai mittags. Wir lagen in entsprechender Entfernung von der ›Cap Arcona‹. Ich muß sagen, die Stimmung an Bord war besser als an den Tagen vorher. Es war auch ein schöner Tag, der 2. Mai, und die Leute sagten: ›Heute oder spätestens morgen ist der Engländer da.‹ Das dachten auch die Häftlinge. Wir hatten nur noch drei SS-Leute an Bord, einen im Leutnantsrang und zwei im Unteroffiziersrang. Alle anderen waren weg, zum Teil zur ›Cap Arcona‹ rübergekommen, zum Teil irgendwie verschwunden. Es durften immer mehr Häftlinge an Deck, anfangs nur die politischen, dann durften die andern auch an Deck. Wir glaubten, wir warten auf den Engländer.

Am Nachmittag kamen zwei Kähne an mit Häftlingen aus dem Lager bei Danzig. Ein Kahn wurde zur ›Cap Arcona‹ geschleppt, der andere bei uns festgemacht. Es hieß, wir sollten die Häftlinge übernehmen. Es wurde die sogenannte Staatstreppe ausgebracht. Kapitän Jacobsen ordnete gleich an, die Treppe etwas höher zu hieven, damit keiner sie erreichen kann. Er sagte: ›Wir können ja nichts mehr an Bord nehmen.‹ Der uns begleitende Leutnant sagte: ›Ich hab auch keinen Befehl, ich kann das auch nicht anordnen.‹

Auf diesen Kähnen waren Frauen, Kinder, alte Männer. Auf dem Schlepper waren Zivilleute und Bewachung. Die SS-Bewachung erklärte uns: ›Wir lassen den Kahn hier liegen, wir fahren nach Neustadt.‹ Sie sind dann abgehauen.

Auf dem Kahn brach eine Panik aus. Die Häftlinge glaubten, der Kahn mache Wasser. Sie müssen sich vorstellen: Ein Lastkahn mit kleinen Holzlukendeckeln. Als die SS weg war, kamen die Leute heraus und stellten sich auf diese Lukendeckel. Da brachen einige zusammen, und die Menschen stürzten in diesen Raum hinunter. Es war nicht tief, vielleicht zwei Meter. Aber bei diesem Zusammenbrechen der Lukendeckel und beim Hinunterstürzen der Leute brach eine Panik aus.

Als sich das wieder beruhigt hatte, riefen die Häftlinge von unten um Brot. Ihre Kameraden haben ihnen dann von oben Brot zugeworfen. Das wurde wie wild aufgegriffen und gleich gegessen.

Oben an Deck der Schute saß eine Frau, sie war vielleicht dreißig Jahre alt. Auf dem Arm hatte sie einen Säugling, den sie immer hin und her wiegte. Sie bückte sich nach keinem Brot. Was hätte sie auch von dem harten Kommißbrot dem Kind geben sollen?

Ich ging zu unserm Koch hinunter und bat: ›Da ist ein Baby. Haben Sie ein Stück Weißbrot?‹ Er gab mir ein Stück. Ich ging die Treppe zur Schute hinunter, und von der letzten Stufe aus reichte ich der Frau dieses Stück Brot. Da kam ein so dankbarer Blick von ihr, den werde ich nie vergessen. Sie nahm das Brot, kaute etwas und gab ihrem Kind davon. Ich stieg wieder zum Schiff hinauf.

Kapitän Jacobsen sagte zum 1. Offizier und mir, wir standen zusammen: ›Gehen Sie und schmeißen Sie den Kahn los! Sagen Sie den Leuten, der Wind steht auf Land zu, sie treiben an Land. Hier an Längsseite wird es sonst gefährlich für sie.‹

Wieviel Leute auf dem Kahn waren? Zweihundert, dreihundert? Das waren mehr. Nun hab ich denen gesagt, die Deutsch sprachen, die übersetzten das den anderen, den Polen und Russen: ›Wir werfen euch los. Ihr treibt durch den Wind an Land, seid ruhig.‹ Wir haben sie dann losgemacht. Wir konnten noch feststellen, bis die Dunkelheit hereinbrach, daß der Kahn mit dem Wind rüstig unter Land war und an Land wohl ankommen mußte. Das war das letzte, was wir von denen sahen. Es soll an Land später eine Schießerei gegeben haben.«

Am 2. Mai legt wieder ein Motorboot an der »Cap Arcona« an. 24 SS-Maiden kommen an Bord. Ganz junge Mädchen. Bewaffnet, aber voll Angst. Sie berichten den Gefangenen, die Engländer seien in Lübeck einmarschiert. Die Stadt sei kampflos übergeben worden, kurz nachdem die »Thielbek« losgemacht hatte.

Der 3. Mai 1945 beginnt mit einem diesigen Morgen. An Land wird von Zeit zu Zeit geschossen. Gewehrschüsse, Maschinengewehre. Die Häftlinge wissen, daß die letzten Stunden des Nazi-Reiches begonnen haben. Sie fragen sich, ob es auch ihre letzten Stunden werden.

Das Wasser ist rot von Blut

Die Gewehrschüsse und das Maschinengewehrfeuer, das die Gefangenen auf den Schiffen hören, töten zu dieser Zeit die Insassen der beiden Schuten. Die Häftlinge haben Bretter als Ruder benutzt, um ans Ufer zu kommen. Der leichte Südwind kommt ihnen zu Hilfe. Noch in der Nacht, ehe die Sonne aufgeht, laufen die beiden Schiffe bei Pelzerhaken auf Land. Die KZ-Gefangenen waten durch das Wasser.

In der U-Boot-Schule in Neustadt wird Alarm gegeben. Ein Kommando unter dem Befehl von Kapitänleutnant Ziemann zieht aus, um die Gefangenen einzusammeln oder zu töten.

An Bord des einen Kahns sind zwei jüdische Mädchen, Ruschka und Dina Markus aus Pabianice in Polen. Zweiundvierzig Jahre später, am 7. April 1987 berichtet Dina, die damals fünfzehn Jahre alt war:

»Ich war eingeschlafen und spürte eine Unruhe; als ich meine Augen aufmachte, befand ich mich allein mit meiner Schwester im Schiffsbauch. Ich hörte von oben Stimmen von Leuten, die an Deck hin- und herrannten. Ich fing an zu schreien. Jemand kam zur Öffnung. Ich bat, daß man mir helfe, meine Schwester nach oben zu bringen. Ich habe sie raufgebracht, und dann bin ich selbst auf das Deck gestiegen. Im Wasser sah ich Leute; sie waren auf dem Wege zur Küste. Manche waren schon am Ufer.

Plötzlich hörte ich Schreie: ›Schnell weiter, die SS-Männer kommen, sie werden euch töten!‹

Ich bin mit meiner Schwester im Wasser zum Ufer gegangen. Sie war naß und sehr schwach. Ich habe sie auf einen Stein hingesetzt. Ich fand ein Paar Strümpfe und habe sie ihr angezogen, damit sie sich nicht erkältet. In diesem Augenblick sind die SS-Leute erschienen und schossen auf alle, die auf dem Schiff waren, und jene, die sich auf dem Weg zum Ufer im Wasser befanden. Das Wasser war rot vom Blut.

An der Küste fing man an, die Menschen in Reihen aufzustellen und sie marschieren zu lassen. Und wieder wurde jeder erschossen, der nicht gehen konnte. Ich fing an, mit meiner Schwester zu rennen, und sie ist hingefallen. Ich konnte sie nicht aufheben. Ich sah einen SS-Mann, der ein menschliches Gesicht hatte, und bat ihn, meine Schwester aufzuheben. Er wandte sich weg, die anderen schossen aus allen Richtungen. Meine Schwester flehte mich an, sie zu verlassen und mich zu retten, da ›Vater sicher noch lebe und er nicht allein bleiben dürfe‹. Sie reichte mir etwas zur Erinnerung. Ich rannte weiter, und die Kugeln pfiffen über meinem Kopf. Das waren SS und auch Marineleute. Sehr junge Leute. Nach einer Stunde sahen wir, daß die Deutschen ihre Waffen ablegten und von uns flohen. Einige Minuten später ist ein Jeep mit ›Mohnblumen‹ erschienen – britische Soldaten. Sie führten uns zu einem großen Haus in dem Ort Neustadt, das früher zu der deutschen Marine gehörte. Ich wollte zurückrennen, um zu sehen, was mit meiner Schwester geschehen war, aber man erlaubte es mir nicht. Dann habe ich hohes Fieber bekommen und habe das Bewußtsein verloren. Ich lag zwei Wochen; von dort kam ich nach Schweden.«

Was weiter geschehen ist, schilderte ihre Freundin Hella Katz, geborene Krieger: »Ich war Zeugin des Todes von Ruschka, der Schwester meiner Freundin Dina. Ruschka war schwach, ihre Schwester Dina schleppte sie ans Land. Als man uns sagte, uns in Reihen aufzustellen und wir anfingen zu gehen, ist Ruschka hingefallen. Als wir beide uns ihr näherten, um sie aufzuheben, kam ein Deutscher zu uns und sagte, wir sollten sie nicht aufheben, weil er auch auf uns schießen würde. Dann hat Ruschka begonnen, ihrer Schwester zuzurufen, daß sie sie lassen solle und sich retten solle, denn ›Vater wartet auf dich und du wirst ihm schon alles erzählen‹. Und dann hat der Deutsche vor unseren Augen auf sie geschossen. Ich habe das mit meinen eigenen Augen gesehen. Ich stand nur einige Meter entfernt. Die Leiche von Ruschka warf man ins Wasser. Am nächsten Morgen hörten wir, daß viele Leichen angeschwemmt worden seien. Dina wollte gehen, um die Leiche ihrer Schwester zu sehen, aber ich hielt sie zurück.«

Hätten wir die nicht retten können?

Margot Jany ist damals, wie Dina Markus, fünfzehn Jahre alt. Sie wohnt mit ihrer Mutter direkt am Neustädter Strand, in der Nähe des Erika-Bades.

»Am 3. Mai morgens um 6 Uhr guckten wir aus dem Fenster, weil wir Lärm hörten. Meine Mutter wollte zur Arbeit gehen. Sie arbeitete auf der ›Glücksklee‹. Plötzlich standen KZler vor unserem Haus.

Ich kannte KZler, weil ich in Lübeck zur Schule ging. Da hatte ich die Kolonnen auf dem Bahnhof gesehen. Wir Kinder fragten: ›Was haben die für Kleidung an? Was haben die verbrochen?‹ Das sind die Häftlinge gewesen, die dann auf die ›Cap Arcona‹ kamen.

Morgens, ich sollte zur Stadt und Brot holen, weil wir nichts mehr zu essen hatten, da sagte ich zu meiner Mutter: ›Um Gottes willen, was sind denn das für Menschen?‹ Da kamen sie auch schon bei uns an die Tür und haben auf Knien vor uns gelegen und geweint: Sie hätten fünf Tage nichts zu essen gekriegt. Ich weiß noch, meine Mutter hat die letzten Haferflocken, die wir hatten, ihnen gegeben.

Die Leute sprachen gebrochenes Deutsch. Es waren Männer. Frauen und Kinder habe ich nicht gesehen. Wir hatten eine Angst. Man weiß ja gar nicht: Was sind das für Leute?

Ich bin dann zur Stadt gegangen. Als ich zurückkam von der Stadt, da lagen dann die Toten. Sie waren alle erschossen. Den ganzen Strand entlang lagen die Leichen. Ich bin durchs Kaisergehölz gegangen, da kam mir ein SS-Soldat entgegen, der war so stolz: ›Gehen Sie da nicht entlang! Ich habe schon so viele erschossen.‹ Das war sicher ein Ukrainer. ›Da sieht es nicht gut aus. Es liegen überall die Toten herum.‹ Das hat er ganz stolz zu mir gesagt. Und dazu zeigte er die zehn Finger seiner Hände.

Ich habe ihm nur gesagt: ›Ich muß nach Hause, ich wohne da.‹ Da antwortete er mir: ›Ja, dann gehen Sie man.‹ Und da lagen überall die Toten. Es war unvorstellbar. Man vergißt das nie wieder. Ich weiß, da war Holz aufgestapelt, und neben dem Holzstapel, da lagen die Toten. Wohin man sah, überall Leichen. Wie viele es waren, weiß ich nicht. Ich habe so viele Tote gesehen. Ich weiß nicht, ob es hundert waren oder mehr.

Auch morgens in der Stadt hatte ich schon gesehen, wie die KZler am Hafen standen und von hinten mit dem MG erschossen wurden. Die fielen dann kopfüber in den Hafen hinein, direkt ins Hafenwasser.

Wir haben den ganzen Sommer nie gebadet, weil immer noch Leichen anschwammen. Am Strand haben sie gelegen, aufgedunsen.

Ich habe später immer gesagt: Hätten wir die nicht retten können? Hätten wir nicht sagen können: Kommt rein, versteckt euch? Hätten wir das nicht machen können?

Später haben die Engländer meinem Bruder Fotos vorgelegt und gefragt, ob er die kennt, ob die geschossen haben. Aber soviel ich weiß, haben sie die nie gekriegt. Ich weiß nur, daß alle von den Schuten, die am Strand entlanggelaufen sind, auch erschossen wurden. Die lagen nachher alle da.

Bei einer Nachbarin war eine Frau im Haus, eine Deutsche aus Berlin. Sie hat gebeten, sie möchte sich nur irgendwo hinlegen und schlafen. Da waren so Heutrockner auf der Wiese, da wollte sie sich drunterlegen und schlafen. Aber die haben sie auch erwischt und auch erschossen.«

Daß die Mörder nie bestraft worden sind, liegt daran, daß die Nazi-Gesinnung nicht mit dem Ende Hitlers ausgestorben ist. Nicht nur die Engländer, auch die Deutschen hätten ja nach den Tätern suchen können. Doch dazu hätte man den Massenmord auch als Mord empfinden müssen und nicht als Wiederherstellung von Ruhe und Ordnung.

In mehreren Büchern über die Geschichte Neustadts wird dieser Tag ganz anders dargestellt. Für Emil Meyn sehen »Die letzten Tage des Krieges in Neustadt« und der Massenmord an den KZ-Gefangenen in Pelzerhaken so aus: »Die ausgehungerten Unglücklichen versuchten mit und ohne Gewalt, sich in den Besitz von Lebensmitteln zu setzen. Auf Hilferufe der Strandbewohner wurden eine SS- und eine Marinegruppe eingesetzt, die Ordnung am Neustädter Strand wieder herzustellen ... diese Horden... Erst als die Polizei wieder mit Schußwaffen versehen war, gelang es allmählich, die Banden einzuschüchtern und Ordnung zu schaffen... Noch heute denkt die Bevölkerung mit Schrecken und Grauen an die furchtbaren Tage und Wochen zurück.«

Das Stück Brot kam zu spät

Viele Einwohner von Neustadt beobachten genau, was vor ihren Häusern und Gartenpforten geschieht. Magdalene Lange, Hausmeistersfrau im Erika-Bad, geht in die Stadt, weil es angeblich Zucker geben soll. Am Hafen sieht sie, wie die SS-Leute mit Genickschüssen die Häftlinge töten. Am ganzen Weg zum Hafen liegen Tote.

»Es waren Menschenbündel, die meistens mit Steppdecken zugedeckt waren. Vor meinen Augen erschoß ein SS-Mann eine Gruppe von Frauen, Kindern und Männern. Ich wollte hingehen und ihm sagen: ›Laß das!‹ Aber dann hatte ich Angst, der schießt dir selbst eine Kugel durch den Kopf. Ich ging nach Hause, ich konnte das alles nicht fassen.

Meine drei Kinder waren vor der Tür draußen am Seglerhafen. Da kam mein Junge Eckehard, der war damals acht Jahre alt, und sagte zu mir: ›Da war eine Frau, die wollte ein Stück Brot haben. Ich hab ihr was gegeben. Hast du noch mehr?‹ Ich hab ihm Brot gegeben, aber da kam er wieder rein und sagte: ›Jetzt ist sie schon tot.‹ Praktisch vor unserem Haus haben sie die erschossen, und meine drei Kinder haben dabeigestanden. Meine älteste Tochter Marianne war damals zehn Jahre alt, meine jüngste Tochter Elke sechs.«

▲ *August 1982: Bundeswehrflugplatz Faßberg. Das alte Wachgebäude wird noch immer von einem Nazi-Adler gekrönt, eine Weltkugel in seinen Fängen – das Hakenkreuz ist abgekratzt. Die Flieger nennen es die »Hermann-Göring-Wache«*

▲ *20. April 1945: Nach der Zerstörung von Dresden distanziert sich Winston Churchill von dem verantwortlichen Luftmarschall Sir Arthur Harris und dessen »reinen Terrorakten und der böswilligen Zerstörung« der Stadt, erlaubt ihm aber noch einmal einen – sinnlosen – Großangriff: Am 18. und 19. April 1945 wird Helgoland von 900 Bombern angegriffen. Harris läßt auf die Insel den ganzen Rest seiner Bomben abwerfen, darunter sechs »Grand Slams« (Großer Schlag) von je 22 000 Pfund Gewicht, konstruiert zur Vernichtung ganzer Häuserblocks*

◄ *30. November 1938: Das Seemannsamt in Stettin stellt ein Seefahrtsbuch für Walter Felgner aus. Er hat es in seiner Uniformjacke, als er am 3. Mai 1945 als 2. Offizier der »Thielbek« ins Wasser springt, um sich zu retten. Damals ist er 22 Jahre alt*

Sommer 1955: Walter Felgner fährt nach dem Krieg wieder auf dem Unglücksschiff, als 1. Offizier. Die »Thielbek« heißt nun »Reinbek« ►

◄ *7. Februar 1950: Das Wrack der »Thielbek« wird nach der Bergung in den Lübekker Hafen eingeschleppt, die Toten noch an Bord, um wiederhergestellt und neu eingesetzt zu werden*

7. Februar 1950: Aus den Laderäumen der »Thielbek« werden die Toten geborgen ►

Februar 1950: Der Kriminalmeister Paul Schädrich und der ehemalige Gefangene Paul Stassek, der sich von der »Cap Arcona« retten kann, bergen die Toten aus dem Wrack der »Thielbek« ▶

◀ *Februar 1950: Die geborgenen Toten werden vom Wrack der »Thielbek« getragen*

▲ *6. Mai 1945: Gedenkfeier an den Gräbern der Opfer am Strand von Pelzerhaken. In der Mitte der kleine englische Captain Pratt, neben ihm Wassilij Bukrejew, rechts dahinter Erwin Geschonneck. Es gibt nur wenig Kleidung, deshalb tragen einige die Uniformen ihrer Feinde: ganz rechts die drei sowjetischen Gefangenen Gordejew, Gubanow und Antonow in deutschen Marineuniformen*

▲ *Herbst 1982: Die ehemalige »Athen«, die bei dem Angriff am 3. Mai 1945 fast unbeschädigt bleibt, wird im März 1946 als Reparationsleistung an die Sowjetunion abgeliefert und fährt unter dem Namen »General Brusilow«. Seit dem 27. Mai 1947 fährt das Schiff unter polnischer Flagge als »Warynski« von Gdingen über Hamburg nach Buenos Aires. Seit 1973 liegt es als schwimmender Speicher »NP-ZPS 8« im Hafen von Stettin*

41 Jahre später erinnert sich Eckehard Lange: »Da wir unser Frühstücksbrot noch in der Hand hatten, bettelten die Vorbeiziehenden um Brot. Einer alten Frau, der ich mein Brot zur Verfügung stellte, war dies nicht genug, und sie bat um mehr. Als ich von zu Hause zurückkam, war die Kolonne schon weitergezogen. Die alte Frau lag still und unbeweglich am Wegesrand, sie war erschossen worden, das nehme ich jedenfalls an, denn ich habe Blut gesehen.

Augenzeuge von Erschießungen war ich gegen Mittag, als ich mit meiner Mutter von der Stadt zurückkam. Am Jungfernstieg an der Kaimauer (in Höhe zum Aufgang am Heisterbusch) waren zirka sechs Entlaufene von der morgens vorbeiziehenden Kolonne aufgestellt, Blickrichtung Hafenbecken. In einiger Entfernung dahinter war ein Erschießungskommando angetreten. Dieses Erschießungskommando erschoß einen nach dem anderen der Aufgestellten an der Kaimauer, die danach in das Hafenbecken fielen. Der fünfte oder sechste war nicht sogleich tot und kroch zweimal wieder an der Kaimauer hoch. Beim dritten Versuch wurde er tödlich getroffen und blieb mit dem Oberkörper auf der Kaimauer liegen. Der nächste, der nun erschossen werden sollte, mußte zur Kaimauer gehen und diesen erst ins Wasser werfen. Danach mußte er sich wieder in die Reihe einordnen. Nun standen nur noch zwei Personen an der Kaimauer, die auch erschossen wurden. Noch heute schrecke ich manchmal im Schlaf hoch und sehe eine Gestalt über die Kaimauer kriechen. Diese will ich dann unbewußt vertreiben, wobei ich vor zirka einem Vierteljahr meine Frau fast im Schlaf verletzt hätte.«

Frau Langes Mann ist Soldat an der Ostfront, bei Kiew und Smolensk. Als er auf Urlaub kommt, erzählt er seiner Frau von den Verbrechen der Wehrmacht. Er sagt zu ihr: »Falls der Russe zu euch kommt, dann könnt ihr euch ruhig aufhängen.«

Aber nicht der Russe kommt nach Neustadt, sondern der Engländer. Marianne, die Zehnjährige, die all die Verbrechen am Seglerhafen mitangesehen hat, fragt: »Mama, werden wir jetzt aufgehängt?«

Ich habe 208 Häftlinge gezählt

Oben am Strand zwischen Neustadt und Pelzerhaken liegt das prächtige »Haus am Kiebitzberg«. Es gehört einem Hamburger Großkaufmann Westphal, aber während des Krieges wohnt hier Fritz Hallerstede aus Bremen. Er ist technischer Zeichner beim »Nachrichten-Versuchs-Kommando der Kriegsmarine« in Pelzerhaken. Zusammen mit seiner Familie hat auch die seines Schwagers Hans Fröhlich hier Unterkunft gefunden.

»Von unserem Haus konnten wir die Vorgänge auf der ›Cap Arcona‹ und der ›Thielbek‹ genau beobachten. Schon am Tage nach der Ankunft des Schiffes erfuhren wir, daß KZ-Gefangene an Bord kommen sollten. Täglich morgens brachte eine Barkasse die an Bord verstorbenen Häftlinge in den Hafen, um die Leichen dort auszuladen.

Am 2. Mai 1945 in den späten Nachmittagsstunden beobachtete ich, daß ein Schlepper mit zwei Schuten längsseits der ›Cap Arcona‹ festmachte.

In den späten Nachtstunden wurde ich durch Lärm am Strand wach. Beim Heraustreten aus dem Haus sah ich die ersten KZler. Sie berichteten, sie seien sechs Tage vom KZ Stutthof bei Danzig aus unterwegs gewesen. In dieser Zeit hätten sie nur ein halbes Brot als Verpflegung bekommen. Sie baten uns um Essen. Die geringen Vorräte, die wir im Hause hatten, waren bald von ihnen aufgezehrt. Sie hatten auch Kleinstkinder dabei.

An der ›Cap Arcona‹ hätten sie von den Häftlingen gehört, das Schiff solle in die Luft gesprengt werden. Deshalb hätten sie die Leinen losgeschmissen.

Im Laufe der Nacht kam es in Neustadt auch zu kleinen Plünderungen. Alles, was eßbar schien, wurde von den ausgehungerten Flüchtlingen weggenommen, zum Beispiel gepflanzte Kartoffeln und erstes Grünzeug, das aus der Erde kam.

Gegen 5 Uhr früh wurden Marinetruppen eingesetzt, um die weit im Land verstreuten Häftlinge wieder zusammenzutreiben und in die Kasernen nach Neustadt zu bringen. Gegen 8 Uhr kam dazu noch eine Gruppe SD, Sicherheitsdienst, die beim Zusammentreiben und beim Abführen der Häftlinge ein furchtbares Massaker anrichtete. Ich selbst habe 208 erschossene und erschlagene Häftlinge – Frauen, Kinder, Männer und Greise – gezählt, die am ganzen Strand verstreut umherlagen und auch noch den Weg vom Strand bis zur U-Schule säumten. Mittags gegen 2 Uhr wurde noch vor meinen Augen eine Gruppe von dreizehn Häftlingen am Strand von vier Marinesoldaten und einem SS-Mann erschossen.

Mittags um 3 Uhr ging ich zum Rathaus, um beim Bürgermeister und dem anwesenden Stadtkommandanten vorstellig zu werden, damit diese gegen das Massaker einschreiten und darüber hinaus für die Beseitigung der Leichen sorgen sollten. Da wurde plötzlich telefonisch von der U-Boot-Schule gemeldet, daß die Schiffe von Flugzeugen angegriffen werden. Ich nahm mein Rad und fuhr sofort nach Hause.«

Captain Rumbold drückt auf »Salva«

Während des Massenmordes am Strand von Pelzerhaken überfliegt eine Staffel englischer Flugzeuge die Bucht. Die Häftlinge winken. Sie glauben, die Retter sind da.

Die Wolken hängen so tief, daß Martin Trevor Scott Rumbold seine »Birthday«-Staffel nicht in Formation halten kann. Sie fliegen 10 000 Fuß hoch, um der Flak zu entgehen. Über der Bucht von Neustadt hätte Rumbold als erster sein »Peel off« machen sollen, das Abkippen über die Tragfläche, um den Angriff zu eröffnen. Der Staffelkapitän sieht zwischen den treibenden Wolken die »Cap Arcona«. Die winkenden Menschen und die weißen Bettlaken sieht er nicht. »Die ›Cap Arcona‹ sah aus wie ein kleines Boot. Ich dachte, sie hätte höchstens fünftausend Tonnen.« Rumbold bricht den Angriff ab. Sie fliegen zum Auftanken zurück.

Inzwischen hat die Barkasse wieder an der »Cap Arcona« festgemacht. Wieder bringt sie Proviant und Trinkwasser. Wieder nimmt sie Leichen mit zurück nach Neustadt. 300 sind inzwischen gestorben, 4 500 Gefangene sind noch an Bord. Auf der »Thielbek« sind es 2 800, auf der »Athen« 1998. Außerdem 100 Mann Besatzung, 700 SS-Leute und 24 Maiden.

Um 12 Uhr 30 erhält die »Athen« einen Funkspruch vom Neustädter Hafenkommandanten Schmidt: Das Schiff soll sofort Neustadt anlaufen und weitere Gefangene übernehmen. Kapitän Nobmann gehorcht zunächst. Aber als er in Neustadt am Kai festgemacht hat und sieht, wen er da an Bord nehmen soll, weigert er sich. Es sind die Überlebenden der zwei Kähne aus Stutthof, eher Sterbende als Lebende. Nobmann verhandelt mit Schmidt. Das zieht sich hin, dadurch werden 1998 Menschenleben gerettet. Denn als der Luftangriff beginnt, liegt die »Athen« nicht draußen, sondern am Kai.

Nobmann berichtet: »Zirka 12.30 Uhr erhielt ich vom Stadtkommandanten Neustadt den Befehl, in den Hafen einzulaufen und dort noch Häftlinge zu übernehmen. Ich bin dann sofort Anker auf gegangen und mit kleinster Fahrt in den Hafen eingelaufen und warf ›Athen‹ 13.45 am Kai fest... Bei diesem Gespräch erschien wieder ein Verband englischer Jagdbomber und griff ›Cap Arcona‹ und ›Thielbek‹ an. ›Cap Arcona‹ stand gleich in Flammen. ›Thielbek‹ hatte mehrere Treffer, bekam Schlagseite und kenterte in kurzer Zeit. Jagdbomber, die die ›Athen‹ noch angreifen wollten, drehten, sobald sie unser Flakfeuer bekamen, ab.«

Es ist 14 Uhr 30. Wieder kommt Captain Rumbold mit seiner »Birthday«-Staffel. Die Sicht hat sich gebessert. Aus 10 000 Fuß Höhe schwenkt er seitlich nach unten, als erster. In diesem Augenblick beginnen die Flakkanoniere der »Athen« auf Rumbold zu schießen. Sie treffen nicht.

Rumbold hat noch wenig Erfahrung mit Raketen. Erst vor vier Monaten ist seine Staffel damit ausgerüstet worden. Die Herstellerfirma Rolls Royce kann keine Instrukteure schicken. Die Piloten haben nicht einmal Raketenzielgeräte. Sie müssen die Visiere ihrer Maschinengewehre benutzen. Raketen haben eine andere Flugbahn als MG-Geschosse, sie gehen früher nieder. Deshalb müssen die Piloten höher halten und auf der Mattscheibe das Ziel weit unter dem Zentrum plazieren.

Rumbold hat sein Angriffsziel »Cap Arcona« am unteren Rand der Mattscheibe stehen. Er gibt über Sprechfunk den Befehl: »Fire Salva«, Salve feuern.

Jede der acht Typhoons seiner Staffel hat acht Raketen unter den Tragflächen. Die Piloten können entweder jede Rakete einzeln abfeuern oder per Knopfdruck gleichzeitig zwei, vier oder alle acht zusammen. Das ist der Knopf »Salva«. Als Rumbold seinen Befehl gibt, ist er noch dreihundert Meter von der »Cap Arcona« entfernt. Hätte er jetzt nicht auf die Mattscheibe gesehen, sondern aufs Schiff, vielleicht hätte er dann doch noch die jubelnde Menschenmasse entdeckt.

Nun ist es zu spät. Er drückt den »Salva«-Knopf, und gleichzeitig drücken auch Mark Hamilton und Ronnie Proctor, Dave Morgan und Eric Coles, Mike Luck, Larry Saunders und J. A. Smith auf ihre »Salva«-Knöpfe. Dann ziehen sie ihre Maschinen hoch.

Über ihnen fliegt Don Saunders: »64 Raketen flogen auf das Schiff zu. Alle schlugen ein. Es sah aus, als ob ein riesiger Feuerball birst. Danach kam eine zweite Welle Maschinen, wieder acht Typhoons. Jede hatte zwei Bomben unter ihren Tragflächen. Sie warfen ihre Bomben. Nur eine einzige fiel ins Wasser. Die andern fünfzehn trafen genau ins Ziel. Das Schiff schien einen Augenblick aus dem Wasser gehoben zu werden und fiel dann wieder zurück. Es war ein loderndes Feuer.«

Die Feuerwehrschläuche sind abgeschnitten

Auf der »Cap Arcona« sagt der polnische Arzt Dr. Borucki gerade zu seinem Freund Joseph Owczarek, Neuengamme-Häftling Nummer F 30718: »Hast du schon gehört? Es ist Frieden. Wir feiern. Komm um viertel nach sechs in unsere Kabine. Es gibt Brot und Margarine.« Borucki sagt, er wird kommen. Dann geht er nach unten. In diesem Moment schlagen die Raketen ein, Borucki ist tot.

»Es brannte gleich an mehreren Stellen«, berichtet der Gefangene Heinrich Mehringer. Mit elf Kameraden liegt er auf dem Boden einer Luxuskabine im C-Deck. Seit vierundzwanzig Stunden haben sie nur eine Scheibe trockenes Brot zu essen bekommen. Aus dem Kabinenfenster haben sie den Einschlag der einen fehlgegangenen Bombe neben dem Schiff gesehen. Dann kommen die Treffer ins Haupttreppenhaus.

»Das ganze Schiff zitterte wie bei einem Erdbeben. Panik? Panik! Die Häftlinge stürzten aus den Kabinen auf die Gänge. Da die Gänge sehr schmal waren, gab es ein großes Geschrei und Gedränge. Einige Häftlinge wollten die Feuerwehrschläuche von den Trommeln nehmen. Aber es kamen nur wenige Meter Schläuche, der Rest war abgeschnitten.«

Abgeschnitten von dem »Sicherheits«-Kommando der SS, befehligt vom Untersturmführer Kierstein. Unter Sicherheit verstanden sie Sicherheit gegen Fluchtversuche von Bord.

»Auf dem Gang lagen Häftlinge am Boden, deren Kleider schon brannten. Wir warfen schnell die paar Decken, die wir hatten, über sie. Ein Franzose kam das Treppenhaus hoch. Seine Kleider brannten. Er konnte nur noch stammeln: ›Alles Wasser! Alles Feuer! Alles kaputt.‹ Dann sackte er leblos zusammen. Was mittschiffs und im Vorschiff los war, konnte man von achtern nicht beurteilen. Meiner Meinung nach ist dort alles umgekommen, denn die später Geretteten waren alle vom Heck des Schiffes gekommen. Unter unserem C-Deck mußte das Feuer schon sehr gewütet haben, denn das Gebrüll hörte mit einem Schlag auf. Der Boden war sehr heiß. Demnach war unter uns alles tot und verbrannt.«

Wer sich lebend an Deck retten kann, ist einer neuen Lebensgefahr ausgesetzt. Die britischen Maschinen kommen wieder und schießen im Tiefflug mit Maschinengewehren in die Menschenmenge.

Das Schiff brennt vom Heck bis zum Bug

Hinter der »Birthday«-Staffel von Rumbold fliegt die 197. Staffel unter Leutnant K. J. Harding das brennende Schiff an. Die Piloten sind vom Feldflugplatz Celle gestartet.

»Beim Erreichen der Lübecker Bucht sah ich zwei sehr große stationäre Schiffe. Eines brannte heftig, und das andere, ein großes Passagierschiff mit zwei Schornsteinen, hatte ein kleineres Feuer auf der Brücke. Ich führte die ›Sektion Grün‹ zum

Angriff auf das letztere von Ost nach West. Als ich vom Angriff hochzog, sah ich das erste Paar Bomben im hinteren Laderaum explodieren, wobei eine Menge Trümmer aus der dem Hafen zugewandten Seite des Rumpfes geschleudert wurde. Alle anderen Bomben waren Fehlwürfe. Beim nächsten Anflug sah ich, daß das Schiff gekentert war und immer noch rauchte.«

Zwischen dem ersten und dem zweiten Anflug Hardings kommt eine dritte Staffel der Royal Air Force, die 198. mit neun Maschinen unter dem Kommando von Captain Johnny Baldwin. Sie fliegt die »Thielbek« an. Die Typhoons sind in Plantlünne gestartet. Das ist ein Feldflugplatz zwischen Rheine und Lingen, nicht weit von der holländischen Grenze. Baldwin ist ein junger Draufgänger, 27 Jahre alt und mit den höchsten Auszeichnungen für britische Kampfflieger dekoriert. Er überfliegt die brennende »Cap Arcona«. Fünf Maschinen feuern ihre Raketen auf die »Deutschland« ab, die in der Nähe ankert. Baldwin beobachtet: »40 Raketentreffer auf dem ganzen Schiff. Brand vom Heck zum Bug.« Die vier anderen Piloten beschießen die »Thielbek«. Baldwin sieht das Schiff »in Rauch eingehüllt mit 30 Grad Schlagseite Steuerbord. Viele Menschen verlassen das Schiff.«

Viele sind es nicht. Die meisten können das Schiff gar nicht mehr verlassen.

Der Pole Bogdan Suchowiak ißt gerade eine Krautsuppe aus seinem Kochgeschirr. Er ist ein 32jähriger Ingenieur aus Posen und spricht hervorragend deutsch. Das wird ihm bald darauf das Leben retten, weil die Mariner ihn für einen Deutschen halten. Die Suppe stammt von einer Büchse Rindfleisch, die einer seiner Freunde aus dem Schiffsproviant gestohlen hat. Zum ersten Mal seit langer Zeit ein nahrhaftes Essen, auch das ist lebensrettend.

Als die Flugzeuge über der »Thielbek« erscheinen, drehen die Polen nicht einmal ihre Köpfe nach ihnen. Das Essen ist wichtiger. Dann schlagen die Raketen in die Bordwand ein. Ein Pole klettert den Mast hinauf und befestigt daran ein großes weißes Tuch. Auf dem Oberdeck beginnen Strohballen hell zu brennen. Unter den Gefangenen bricht Panik aus. Das Schiff nimmt Wasser, legt sich auf die Seite.

Wir setzen das Schiff auf

Bericht des 2. Offiziers der »Thielbek«, Walter Felgner:

»Wir waren voller Erwartung und sprachen darüber auch mit den Häftlingen, der Engländer müßte nun wohl bald kommen. Ja, und dann kam er. Es war mittags, da wurde die ›Cap Arcona‹ angegriffen. Kapitän Jacobsen, der 1. Offizier Andresen, der 3. Offizier Schotmann und ich, wir standen oben auf dem Bootsdeck. Einer von uns sagte: Die auf der ›Cap Arcona‹ haben ja weiße Flaggen gesetzt!

Kapitän Jacobsen sagte: Das ist die einzige Möglichkeit, auch für uns. Werft den Gefangenen Bettücher runter. Der 1. Ingenieur Lau, dessen Kabine Achterkante Bootsdeck war, warf drei Bettücher runter und sagte zu den Häftlingen: Setzt die am Mast hinten! Das taten die Häftlinge auch sofort. Sie holten die Hakenkreuzfahne runter und setzten dort ein weißes Tuch.

Dann sagte Kapitän Jacobsen zum 1. Ingenieur: Lassen Sie die Maschine klarmachen. Wir setzen das Schiff auf. Von der Brücke hatten wir Telefonverbindung zum Maschinenraum, der dann meldete, wenn die Maschine klar war. Ein Dampfer muß vorgeheizt werden, der ist nicht sofort einsatzbereit.

Den Angriff auf die ›Cap Arcona‹ haben wir genau sehen können. Wir sahen, wie sie brannte. Zwischen dem Angriff auf die ›Cap Arcona‹ und dem auf die ›Thielbek‹ verging ungefähr eine Stunde.

Die ›Cap Arcona‹ hatte schon Schlagseite angenommen. Dann wurden wir angegriffen. Ich habe nichts von den Flugzeugen gesehen. Wir hörten die Einschläge. Die Brücke wurde auch getroffen. Wir hatten uns hingeworfen. Wie viele Flugzeuge es waren, konnte ich nicht sehen. Es war einmal eine kurze Pause zwischen den Angriffen. Wir wollten gerade aufstehen, da knallte es wieder.

Als der Angriff vorbei war, bot sich ein furchtbarer Anblick an Deck. Überall lagen Menschenteile herum, Arme und Beine, alles zerschossen.

Unser Schiff nahm sofort Schlagseite an. Dann war Panik an Bord. Alle versuchten, aus den Laderäumen herauszukommen. Aber es sind nur sehr wenige herausgekommen. Sie rissen sich gegenseitig hinunter. Wir hatten nur schmale Eisenleitern, keine Treppen. Vom Zwischendeck, von Luke 3, da war früher die Flakbesatzung untergebracht, führte eine Holzleiter nach oben. Aber die nützte den Leuten im unteren Laderaum gar nichts. Die mußten ja vom unteren Laderaum erst ins Zwischendeck kommen.

Wir standen Achterkante Bootsdeck, Luke 4, Luke 5. Das Achterdeck war in unserem Gesichtskreis. Was sich vorn an Deck abgespielt hat, hab ich nicht mehr gesehen.

Die Häftlinge versuchten nun, die beiden Rettungsboote klarzumachen. Das Backbordboot war gleich zu Wasser gelassen worden, aber die Boote waren auch total zerschossen. Dann halfen wir, das Steuerbordboot hinunterzulassen. Die Häftlinge riefen immer: Helft uns, zeigt uns das! Das haben wir auch gemacht. Aber wir haben ihnen auch gesagt, das ist total sinnlos, das Boot runterzulassen. Da waren Löcher drin, das Boot war zerschossen, es mußte sofort untergehen. Die Häftlinge haben das dann doch noch zu Wasser gelassen, aber es sackte gleich ab. Im Wasser hielten sich die KZ-Gefangenen an jedem Gegenstand fest, den sie greifen konnten.

Auf dem Bootsdeck standen zum Schluß Kapitän Jacobsen, der 1. Ingenieur Lau, ich und der 3. Offizier Schotmann. Der 1. Offizier war auf dem Weg zum Vorschiff gewesen, als der Angriff kam. Er wollte den Anker zum Hieven klarmachen. Er ist dann von Häftlingen eingekeilt worden. Andere haben gesehen, wie er dann gleich außenbords sprang. Er hatte keine Schwimmweste um.

Wir blieben oben bis zum Schluß, bis das Schiff schon zirka 50 Grad Schlagseite hatte. Es war also kurz vorm Kentern. Wir hatten Angst, ins Wasser zu gehen. Denn die Häftlinge, die nicht schwimmen konnten, hielten sich an allem fest, was sie greifen konnten. Dann sagte Kapitän Jacobsen zu uns: ›Jetzt gehen Sie, das Schiff kentert gleich!‹

Ich fragte ihn noch: ›Wollen Sie nicht auch gehen?‹ Er antwortete: ›Ja, wir kommen gleich.‹

Wir sind am Haltetau fast senkrecht an der Bordwand hinuntergegangen, Schotmann und ich. An einer Stelle, die ziemlich frei war, sind wir ins Wasser gegangen. Wir hatten uns vorgenommen, sofort weg von den Leuten zu schwimmen. Wir schwammen also nach See zu, während alle anderen nach Land strebten. Wir hatten Schwimmwesten um. Auch die drei Matrosen, die außenbords gesprungen waren, hatten Schwimmwesten um. Wir hatten volle Kleidung und Schuhe an; die habe ich allerdings im Wasser ausgezogen, die wurden ziemlich schwer an den Füßen. Dann sind wir in Richtung See geschwommen.

Als wir zirka 50 bis 100 Meter vom Schiff weg waren, sagte der 3. Offizier Schotmann zu mir: ›Drehen Sie sich mal um, jetzt kentert das Schiff.‹ Da sahen wir, wie es dann wegging. Für uns war es sozusagen der letzte Moment gewesen. Für den Kapitän Jacobsen und den 1. Offizier Andresen war es zu spät.

Im Wasser wurde um jedes Stück Holz gekämpft. Wir schwammen davon weg. Wenn wir einen Lukendeckel sahen, auf den zwanzig Menschen zuschwammen, dann schwammen wir in die andere Richtung. Ich war zwar kein guter Schwimmer, aber ich konnte schwimmen. Unser Bootsmann war Nichtschwimmer. Ich habe ihn noch von Bord aus im Wasser gesehen. Dem warfen wir, ehe wir kenterten, vom Schiff aus das letzte Rettungsfloß zu. Das hat er noch zu fassen gekriegt. Aber vierzig, fünfzig andere auch, das nützte den Leuten also nichts. Ich nehme an, daß die meisten Flöße auch zerschossen waren. Es war ja kaum etwas heil geblieben an Deck. Der Bootsmann hieß Kluger. Unter dem hab ich als Jungmann gefahren, als Leichtmatrose, als Matrose, und später bin ich mit ihm als Offizier lange zusammen gewesen.

Wie lange wir im Wasser schwammen, kann ich nicht sagen. Es sind mindestens anderthalb Stunden gewesen. Das Wasser war kalt, ich schätze 14 Grad, aber ich habe die Kälte vor Aufregung nicht gespürt.

Im Wasser wurden es immer weniger Menschen, immer weniger. Dann kamen zwei Kutter. Es waren KFK, Kriegsfischkutter. Wir haben dann gewunken, der eine Kutter hat uns wohl nicht gesehen, drehte wieder ab. Dann kam der andere Kutter, der hat uns gesehen. Ich glaube, die Leute sahen unsere Ärmelstreifen als Offiziere. Sie kamen auf uns zu und haben uns aus dem Wasser geholt.

An Bord dieses Kutters waren auch Häftlinge, die herausgeholt worden waren. Die Kutter hatten außenbords Taue hängen, vier, fünf Stück. Dann fuhren sie langsam durchs Wasser, und wer das Tau zu fassen bekam, konnte sich daran festhalten. Dann fuhren sie auf Land zu. Wir allerdings waren an Deck geholt worden. Wir sind an den nächsten Landesteg bei Pelzerhaken gefahren und dort an Land gegangen.

Vorher kamen ein oder zwei Flugzeuge und haben auf die Schiffbrüchigen im Wasser geschossen. Auch auf einen der Kutter. Daß das Boot getroffen wurde, habe ich gesehen.

Zu dieser Zeit war die ›Thielbek‹ schon weg, und die ›Cap Arcona‹ brannte und lag auf der Seite. Auch die ›Deutschland‹ brannte. Da ist aber keiner zu Tode gekommen. Die sind vor dem Angriff an Land gegangen, nachdem die ›Cap Arcona‹ angegriffen worden war. Sie haben das Schiff sich selbst überlassen.

Die Flugzeuge haben auf die Menschen im Wasser geschossen, das kann ich bezeugen. Die Piloten müssen gesehen haben, daß dort Menschen schwammen, sonst hätten sie ja nicht geschossen.«

Rettungsringe sind nur für die Besatzung

Der polnische Ingenieur Bogdan Suchowiak ist bei dem Angriff unverletzt geblieben. Er schildert den Untergang der »Thielbek« so:

»Tausende Häftlinge versuchen, aus den unteren Decks herauszukommen. Aber es gibt nur vier Leitern. Die Menschen haben wenig Chancen. Gefangene, die schon oben sind, werden von anderen wieder hinuntergerissen. An jeder Luke wird gekämpft. Die Häftlinge, die schon an Deck sind, versuchen, den anderen zu helfen. Sie lassen Taue in die Laderäume hinab. Dann kommt wieder eine Welle der Tiefflieger. Die Gefangenen lassen die Taue los und suchen hinter den Aufbauten auf dem Vorschiff Deckung. Die Traube, die an den Tauen hing, stürzt in die Tiefe. Was sich hier abspielt, haben wir früher im Film vom Untergang der ›Lusitania‹ gesehen. Nur ist alles viel brutaler und ohne die Filmszenen voll Ritterlichkeit.

Auf dem Deck beginnen die Ballen Holzwolle zu brennen, die für die Kojen der Marineinfanterie an Bord genommen worden waren. Wer sich aus den unteren Decks nach oben gekämpft hat, springt entweder sofort ins kalte Wasser - 11 Grad! - oder rennt ziellos an Deck umher und sucht Schutz vor neuem Bordwaffenbeschuß.

Die Boote werden sofort von den bis an die Zähne bewaffneten Marineinfanteristen besetzt. Die zwanzig Rettungsringe hat die Besatzung unter sich verteilt. Das Schiff bekommt immer mehr Schlagseite. Die ›Thielbek‹ sinkt. Ein paar vernünftige Häftlinge organisieren primitive Rettungsmittel, Bretter und Holzbohlen. Zwanzig Minuten sind seit dem letzten Luftangriff vergangen. Wir starren immerzu auf die Hafeneinfahrt von Neustadt, ob von dort die Hilfe kommt. Doch kein Schiff, kein Boot nähert sich.

Zuerst hatten wir noch auf eine Rettung von der ›Cap Arcona‹ gehofft mit ihren vielen Rettungsbooten. Aber als das Schiff von vorn bis achtern in Flammen gehüllt ist, geben wir diese Hoffnung auf. Mir wird klar, daß es keine Hilfe von außen geben wird und daß wir alle durch den Sog des untergehenden Schiffes in die Tiefe gerissen werden, wenn wir nicht sofort über Bord springen.

Ich muß mich schnell entscheiden, ziehe mich bis aufs Hemd aus und hole mir aus der Feldküche einen Holzscheit. Langsam lasse ich mich am Tau einer Winde hinunter zum Wasser. Es gibt keine Möglichkeit, mit den Kameraden zusammenzuarbeiten. Jetzt gibts nur noch folgende Realitäten: fünfeinhalb Kilometer bis zur Küste, das verdammt kalte Wasser und den Holzscheit, der mir helfen soll, mich über Wasser zu halten.

Es muß gegen drei Uhr nachmittags sein. Die Sonne scheint, dann kommen vorübergehend Wolken und Regenschauer. Die See ist ruhig mit kleinen Wellen. Ich bin zum Kampf um mein Leben entschlossen.«

Zwanzig Minuten nach den Raketentreffern legt sich die »Thielbek« ganz auf die Seite und versinkt dann im Wasser. Der tschechische Gefangene Vaclav Koubek ist der letzte, der über Bord springen kann. Er berichtet: »Unter den Persenningen der ›Thielbek‹ war die Verpflegung verwahrt, und als das Schiff sich auf die Seite legte, glitten Tausende Kilogramm Lebensmittel an die Reling und klemmten die Menschen zu Tode, die dort zusammengepfercht standen und bereit waren, ins Wasser zu springen.«

Das Treppenhaus stürzt ein

In dieser Situation gibt es Menschen, die ihr Leben opfern, um andere zu retten. Und es gibt Menschen, die andere töten, um sich selbst zu retten.

Auf der »Cap Arcona« versuchen Sanitäter, wenigstens die Leichtverletzten über ein Fallreep in die Barkasse zu bringen, die immer noch am Schiff festgemacht ist. Zwanzig Mann können sie so hinunterschaffen. Dann fliegt wieder eine britische Staffel das Schiff an. Maschinengewehre tackern. »Achtung, Bordwaffen«, schreien Gefangene. Viele werden getroffen, fallen an Deck oder stürzen über Bord.

Im Haupttreppenhaus ballen sich die Menschenmassen zusammen, um nach oben zu kommen. Das Holz beginnt zu lodern. Plötzlich stürzt das ganze Treppenhaus brennend zusammen. Viele hundert Menschen werden im Feuermeer begraben. Sekunden vorher ist Tadeusz Kwapínski herausgekommen: »In der Kabine beratschlagen wir, was wir tun sollen. Einige Kameraden meinen, wir sollen hierbleiben, weil bestimmt eine Rettungsaktion eingeleitet wird. So schnell kann ein so großes Schiff nicht untergehen. Draußen würden wir nur die Panik vergrößern. Wir wissen nichts von der Breite des Schiffes und der Tiefe des Meeres an dieser Stelle. Die Kabinentür wird eingestoßen. Ich warte nicht auf die anderen Kameraden, sondern laufe durch den würgenden Qualm die Treppe hinauf und gelange auf das Oberdeck. Wieviel Zeit seit der Bombardierung des Schiffes verstrichen ist, weiß ich nicht.

Längere Zeit stehe ich an der Bordwand, ratlos.

Ich glaube, dies sind die letzten Minuten meines Lebens. Ich höre das Winseln der verwundeten Kameraden, die von den unteren Decks nicht mehr nach oben gelangen können.

Als ich an der Bordwand stehe, merke ich, wie das Schiff sich langsam auf die Seite legt. Zu mir kommen drei Häftlinge aus anderen Ländern, die ich nicht kenne. Auch sie können sich nicht entschließen, das brennende Schiff zu verlassen.«

Als das Schiff kentert und dann ganz auf der Seite liegt, können sich die vier irgendwo anklammern. So rutschen sie nicht ins Wasser. An diesem Punkt des Decks erreicht sie das Feuer nicht. Schließlich sehen sie in großer Entfernung ein Boot.

»Es ist nur mit wenigen Menschen besetzt. Wir rufen sie an, schreien unmenschlich und betteln, sie möchten uns zur Hilfe kommen. Und wirklich, sie hören uns und kommen näher. Sie halten an einer Stelle der Bordwand, von der ein überhängendes Tau von der Bordwand bis zum Wasser hinunterreicht. Mit großen Schwierigkeiten können wir bis zu ihnen hinabklettern.

Ich weiß nicht, wie lange wir im Boot sind. Schließlich landen wir am Ufer unweit von Neustadt. Ganz in der Nähe liegt einer der leeren Kähne, mit denen die Häftlinge aus dem Lager Stutthof an Land getrieben sind.

Wir verdanken unser Leben einigen jugoslawischen und französischen Kameraden, die im Boot gewesen sind und uns aufgenommen haben.

Am Strand treffen wir einige wenige Überlebende aus den Stutthof-Kähnen. Sie berichten uns, daß noch kurz zuvor Hitlerjungen die anderen Häftlinge erschossen haben.

Jetzt, als wir an Land sind, fahren die ersten englischen Panzer in Neustadt ein. Wir sind fast besinnungslos vor Freude. Mit einer kleinen Gruppe von Häftlingen durchqueren wir die leeren Straßen der Kleinstadt und kommen dorthin, wo britische Panzer und Lastwagen stehen. Die englischen Soldaten sehen uns abgemagerte Menschen mitleidig an, verteilen Schokolade und Zigaretten, machen Fotos von uns. Wir zeigen auf das noch immer qualmende Wrack der ›Cap Arcona‹ und bitten sie, so schnell wie möglich Rettungsboote dorthin zu schikken, um die noch lebenden Kameraden zu retten. Sie tun es sofort.

Am Abend werden wir in eine leerstehende Wohnung geschickt. Die Besitzer sind Nazis und geflüchtet. Aber wir können nicht schlafen. Wir haben nicht einmal mehr Hunger. Am nächsten Morgen gehen wir in die Stadt und werden in der Unterseeboot-Schule untergebracht.

Tagelang suche ich nach meinen Kameraden Bolek, Zbigniew Patlewicz, Leon Skalski und Erneste Those, er war ein Mulatte aus den französischen Kolonien. Sie sind auch nicht unter den vielen Leichen, die Tag für Tag an den Strand gespült werden.«

Tadeusz Kwapínski gehört zu den ganz wenigen Menschen, die von der »Cap Arcona« mit einem Boot gerettet werden, obwohl sie keine deutschen Soldaten oder Matrosen sind.

Einer hat Glück

Der Gefangene Akos Ferenc Weinberg aus Budapest hört die ersten Einschläge. »Ich war auf dem C-Deck mit acht Leuten in einer Kabine. Wir hörten nur drei Einschläge, dann kam das Gebrüll von unten: ›Feuer, Feuer!‹ Wir hatten das Glück, daß wir noch an Deck laufen konnten. Die Leute auf den unteren Decks konnten nicht mehr heraus, da war alles gleich in Flammen. Ich habe nicht lange überlegt, ich bin gleich ins Wasser gesprungen. Und da hatte ich wieder Glück, denn da lag das kleine Proviantboot. Ich habe mich hineingezogen. Da waren schon viele drin, vielleicht zwanzig oder dreißig, Verletzte. Einem Mann war der ganze Kiefer weggeschossen. Immer mehr und mehr Leute haben sich an dem Boot festgeklammert und wollten hineinklettern. Da haben die, die drinnen waren, die anderen weggestoßen. Einer hat den Motor angelassen, ich weiß nicht wer, und wir sind losgefahren. Unterwegs hat man mir gesagt, sie geben einen Befehl durch mit Flaggen, nur Deutsche sollen gerettet werden. Aber ich war nun drin in dem Boot, und da sind wir in den Hafen von Neustadt hineingefahren zur U-Boot-Schule. Auf der anderen Seite standen Hitlerjungen in Uniform, die haben auf die Leute im Wasser geschossen. Aber gleich nachdem wir an Land gegangen sind, da kamen die englischen Panzer in Neustadt an. Sie fuhren vom Abhang herunter in die U-Boot-Schule hinein. Ein Panzerfahrer hat den Turm aufgemacht, ist ausgestiegen und hat die Hakenkreuzfahne vom Mast heruntergerissen. Da waren wir gerettet.«

Er hat ein einzigartiges Lebensglück, dieser Junge aus Ungarn. Er ist Musiker, Violinspieler, von Bela Bartok gefördert, spielt mit Zoltan Kodaly zusammen. Aber was gilt das 1944, als Adolf Eichmann die riesigen Judentransporte aus Ungarn ins Gas schickt? Durch Zufall kommt Akos Ferenc Weinberg nicht nach Auschwitz, sondern nach Neuengamme. Er hat Glück und wird als Kranker ins Revier geschickt, obwohl er gar nicht krank ist. Die Nazis transportieren ihn auf die »Cap Arcona«. Mit Glück rettet er sich. Mit Glück ist er vier Monate später wieder in Budapest, die Eltern leben noch, auch sie haben Glück gehabt. Im Herbst 1945 ist er Konzertmeister der Budapester Sinfoniker, dann Konzertmeister in Göteborg, dann in Westberlin: »Ich, ein Jude, ein Nichts, dirigiere ein deutsches Opernorchester...« Und schließlich wird er Sologeiger und dirigiert das größte Orchester der Welt, das Chicago Symphony Orchestra. Er hat seinen ungarischen, jüdischen Namen Weinberg abgelegt. Er heißt nun Francis Akos.

Ein Mann hat Glück gehabt an diesem 3. Mai 1945 in Neustadt, ein hoffnungsvoller Mann von 23 Jahren. Hoffnungsvoll wie 7700 andere junge Menschenleben.

Alle Rettungseinrichtungen versagen

Es gibt auf der »Cap Arcona« keine Möglichkeiten zur Rettung. Hilflos müssen die Menschen zusehen, wie die anderen verbrennen und wie das Feuer immer näher auf sie selbst zukommt.

Der Russe Aleksander Machnew beschreibt: »Im nicht brennenden Vorderteil des Schiffes hatten sich die Menschen derart zusammengedrängt, daß es fast unmöglich geworden war, von einer Bordseite zur anderen durchzukommen. Schweigend standen hier Hunderte hoffnungsloser Menschen. Ich zwängte mich zur linken Seite des Schiffes durch und sah, daß tief unten Menschen schwammen. Manche sackten ab, andere griffen nach den neben ihnen Schwimmenden und sanken mit ihnen gemeinsam in die Tiefe.

In der Panik war keiner mehr imstande, sich aus den unteren Decks hinauszuzwängen. Einer hinderte den anderen. Wir warfen von oben ein Tau hinunter, aber sofort griffen alle danach. Dadurch war es unmöglich, die Kameraden einzeln heraufzuziehen. Wir hatten nur einen einzigen Eimer mit einem Tau, das lang genug war, um ihn mit Wasser gefüllt nach unten zu lassen. Aber schon näherten sich die Flammen der Luke. Hunderte Kameraden wurden vom Feuer ergriffen. Die wilden Schreie flossen zu einem einzigen Brüllen zusammen. Die Menschen brannten unter den Augen der oben stehenden Kameraden, und es gab keine Möglichkeit, sie zu retten.«

Kurz vorher hat der 2. Offizier »Cap Arcona«, Thure Dommenget, die Luke inspiziert: »Mein Versuch, von oben durch die Luke Einfluß auf die Leute zu nehmen, die in diesen Laderäumen untergebracht waren und die in heller Panik waren, war völlig aussichtslos. In ihrer Panik haben sich die Leute totgetreten, und ich nehme an, daß keiner überlebt hat.«

Und doch werden viele gerettet. Denn im Gegensatz zur Schiffsmannschaft, die ihre Pflicht zur Rettung von Passagieren nicht erfüllt, setzen einige Häftlinge ihr Leben ein und holen Russen aus dem Bananenbunker.

Der Wiener Victor Dorotic gehört zum Internationalen Häftlingskomitee: »In der darauffolgenden Panik unter den Häftlingen, die hauptsächlich von den oberen Decks nach unten drängten, wurde auch mir berichtet, daß die Auf- und Abgänge von der SS besetzt seien und diese in die Häftlinge schieße. Ich war von unserem Häftlingskomitee als Verantwortlicher für den sogenannten Bananenbunker (Laderaum im tiefsten Teil des Schiffes) bestimmt worden; in diesem Bananenbunker befanden sich zirka 500 oder mehr – genau kann ich es nicht mehr sagen – sowjetische Häftlinge. Gemeinsam mit den mir gut von Gotenhafen bekannten Kameraden der sowjetischen Häftlinge habe ich versucht, eine Panik im Bananenbunker zu verhindern, was uns auch gelungen ist. Dadurch konnte sich eine verhältnismäßig große Anzahl von sowjetischen Häftlingen retten und die Katastrophe überleben. Da bereits die Treppen nach oben brannten und ein Durchkommen über diese nicht mehr möglich war, haben wir ihnen den Weg über die Leiter an Deck gewiesen. Hervorheben muß ich in diesem Zusammenhang die große Disziplin der sowjetischen Häftlinge angesichts der schwierigen Situation und der herrschenden Panik. Ich selbst wollte danach nochmals zurück in die Kajüte auf Deck D, um den dort zurückgebliebenen Kameraden - zwei sowjetischen, einem Österreicher namens Christian und einigen tschechischen Häftlingen - den Weg zu zeigen. Leider kam ich aber nicht mehr durch, da der ganze Gang bereits in Flammen eingehüllt war und tote und verwundete Häftlinge den Boden bedeckten. Im Bananenbunker konnte ich durch das Bullauge ins Wasser springen.«

Es zeigt sich, daß alle Sicherheitsvorkehrungen an Bord der »Cap Arcona« für einen solchen Fall unzureichend sind. Viele Rettungsboote sind zerschossen. Die anderen können von den Gefangenen nicht zu Wasser gelassen werden, weil niemand es ihnen gezeigt hat. Ein einziges Boot kommt klar.

Die Reederei läßt 32 Jahre nach dem Untergang der »Cap Arcona« ein Erinnerungsbuch über das Schiff veröffentlichen, *Cap Arcona - Biographie eines Schiffes und einer Reederei*. Darin erzählt der Schiffahrtsjournalist Joachim Wölfer von der »unübertrefflichen Sicherheitstechnik« des Schiffes. Obwohl er das schreckliche Ende der »Cap Arcona« kennt, begeistert er sich: »Insgesamt zwölf wasserdichte Schotten teilen den Unterraum in 13 wasserdichte Abteilungen ... An einem Blechmodell ist die Schwimmfähigkeit im Zusammenhang mit der Stabilität bei Leckagen getestet worden. Im Versuch ist nachgeprüft worden, was geschehen wird, wenn mehrere Räume vollaufen sollten. Denn das Passagierschiff der Superlative für den La-Plata-Dienst wird so sicher gebaut, wie es nur eben geht ... Mit einem Blick kann der wachhabende Offizier auf der Brücke erkennen, ob Türen und Schieber verschlossen sind - eine Leuchttafel zeigt es ihm an ... Feuerschotts unterteilen das Schiff in den Räumen oberhalb des Schottendecks so, daß sich keine Brände durch die Treppenhäuser in Längsrichtung des

Schiffes ausdehnen können. Eine Besonderheit der ›Cap Arcona‹ sind die großen Schiebefeuertüren hinter den dekorativen Verschalungen der verschiedenen Salons auf dem B-Deck. Sollte schließlich während der Fahrt in den Unterräumen, die nur gelegentlich betreten werden, ein Feuer ausbrechen, so wird das automatisch durch eine Rauchmeldeanlage zur Brücke signalisiert. Kaum noch erwähnenswert bei einem Schiff dieses Standards ... erscheinen da die übrigen Feuerlöschanlagen, Notlenzpumpen und Dieseldynamos ... Dazu gehören auch die 24 Rettungsboote auf dem Bootsdeck. 9 x 3,2 x 1,22 m messend, können sie jeweils 83 Personen aufnehmen. Weiter gibt es zwei Motorrettungsboote von 9 x 2,7 x 1,22 m für jeweils 46 Personen und schließlich noch zwei - in Form von Brandungsbooten gebaute - Arbeitsboote - alle aus Qualitätseiche.«

Der Kapitän rettet sich

Wie ist es möglich, daß bei so vielen Feuerschutzeinrichtungen in so kurzer Zeit das ganze Schiff in Flammen steht? Wie ist es möglich, daß die »Cap Arcona« trotz so vieler wasserdichter Schotten kentert? Wie ist es möglich, daß sich nur so wenige Menschen von dem Schiff retten können, obwohl die Boote für mindestens 2120 Personen hätten ausreichen müssen, und zwar auf sturmbewegtem Meer und nicht auf der schwachen Dünung der Neustädter Bucht?

Es ist möglich, weil alle Sicherheitseinrichtungen zentral von der Brücke aus gesteuert werden. Durch die Angriffe sind viele Verbindungen zerstört. Und die Brücke ist leer. Während auf der »Thielbek« die Offiziere bis zum Kentern an Bord geblieben sind und Kapitän Jacobsen und der 1. Offizier Andresen vom Schiff mit in die Tiefe gerissen werden, ist die »Cap Arcona« nach den ersten Angriffen führungslos. Der Kapitän Heinrich Bertram hat sein Schiff verlassen. Es gibt widersprüchliche Angaben darüber, wann und wie er das tat. Sein Untergebener, der 2. Offizier Thure Dommenget, behauptet, Bertram habe sich erst »über die Ankerkette gerettet«. Gefangene wollen ihn viel früher auf dem Weg zu der kleinen Barkasse gesehen haben. Erwin Geschonneck berichtet: »Ich habe Kapitän Bertram gesehen, wie er sich mit einem riesigen Buschmesser den Weg durch die Menschenmassen freischlug, wie er rücksichtslos auf alle einhieb, die ihm im Weg standen, um an das Fallreep zu kommen und sich zu retten.«

Währenddessen halten die SS-Leute mit Waffen die Gefangenen zurück. Einige schießen sogar auf die Häftlinge. Heinrich Mehringer versucht, vom C-Deck zum B- und zum A-Deck hinaufzugelangen. An der Treppe stauen sich die Menschen. »Es knallten Schüsse. Oben stand ein SS-Mann und schoß aus zwei Revolvern in die verzweifelt vordringenden Häftlinge. Nach seiner Meinung sollten die Häftlinge unten bleiben, verbrennen oder ersaufen. Kaum hatte er seine Magazine leer geschossen, da wurde er von einer wütenden Menge überrannt.«

Nun gelangen die Gefangenen nach oben auf das A-Deck. Aber wo sind die Rettungsboote? Heinrich Mehringer sieht: »Etwa 50 Meter vom Schiff befanden sich drei Rettungsboote der ›Cap Arcona‹, die irgendwie zu Wasser gebracht worden waren. In jedem Boot standen die Menschen dicht an dicht gedrängt, so daß die Boote bis zu den Duchten im Wasser lagen. Rundherum hingen noch eine Menge Menschen dran. Die Drinstehenden traten mit den Füßen auf die Hände und Köpfe der Draußenhängenden. Der Kampf ums nackte Leben war grausam. Fast gleichzeitig kenterten zwei der Rettungsboote, und mit einem einzigen Schrei lagen alle der Geretteten wieder im Wasser. An ein Aufrichten der Boote war nicht zu denken, denn keiner hörte auf den anderen, und jeder tat, was er gerade für gut hielt, um sich zu retten. Ein Teil der Menschen schwamm zu dem dritten Boot, das durch den Ansturm nun auch kenterte. Da das Wasser um diese Jahreszeit sehr kalt war und die ausgehungerten Häftlinge auch keine Widerstandskraft hatten, trat bei den meisten bald Erstarrung ein. Einige waren mit Schwimmwesten von Bord gesprungen. Aber bei einer Höhe von zirka 20 Metern mußte schon ein guter Schwimmer Glück haben, wenn er im Wasser heil ankam... Auf einem solchen Toten sah ich einen Lebenden sitzen. Die Schwimmweste hielt beide über Wasser.

Oberhalb des Promenadendecks hing noch ein Rettungsboot in den Davits. An die zwanzig Mann, vom Feuer bedroht, bemühten sich, es zu Wasser zu bringen. Ein Teil der Leute stand schon im Boot. Die übrigen standen noch an Bord, kamen aber mit den Blöcken, Rollen und Tauwerk nicht zurecht. Das Feuer hüllte sie manchmal schon ein. Schließlich hing das Boot schief, mit der Nase nach vorn, in den Tauen. Der hintere Block saß noch immer fest, und das Feuer erfaßte schließlich die Taue. Eines brannte durch, und das schwere Boot rollte über den Block ab und baumelte längs der Außenwand hin und her, hin und her. Mit Gebrüll stürzten die im Boot gewesenen Leute in die Tiefe. Schließlich riß noch das vordere Tau, und das Boot sauste aus zwanzig Metern Höhe auf die mit dem Tode ringenden Menschen.«

Zu dieser Zeit steht Heinrich Mehringer an Backbordseite auf dem Achterschiff mit vielen anderen Häftlingen zusammen. Er glaubt sich ziemlich sicher, »denn erstens war es schon mein dritter Schiffbruch, und zweitens wußte ich ja, daß nicht mehr viel passieren konnte, weil wir ja schon auf Grund lagen.«

Das Wasser in der Neustädter Bucht ist hier nur achtzehn Meter tief, die »Cap Arcona« ist 25 Meter und 78 Zentimeter breit. Selbst als sie später kentert, ragt sie noch acht Meter über Wasser.

Aber Mehringer hat sich getäuscht. Die Gefahr für ihn beginnt erst noch. Das Feuer bricht durch Türen und Fenster aus dem Innern des Schiffes. Die Flammen erfassen die hölzernen Aufbauten. Die Häftlinge drängen sich an der Reling so eng zusammen, daß sich keiner mehr rühren kann, keiner über die Bordwand klettern kann.

Sie laufen über brennende Menschen

»Schon waren alle vom Feuer erfaßt und brannten bei lebendigem Leibe lichterloh«, schildert Mehringer. »Ich selbst brannte bereits am Rücken und am Kopf, spürte aber das Feuer vor Aufregung nicht mehr heiß, sondern kalt. Da sah ich im letzten Augenblick über mir ein Eisenrohr, das zum Spannen der Sonnensegel diente. Mit ausgestrecktem Arm konnte ich es gerade noch erreichen und zog mich mit einem Arm mit übermenschlicher Anstrengung hoch. So kam ich auf die Köpfe der vielen zusammengedrängten Menschen zu stehen. Mit einer Hand hielt ich mich am Eisen fest, mit der anderen konnte ich meinen Freund Max heraufziehen. Ihn hatte es an beiden Armen bös erwischt. Die Haut hing schon in Fetzen herunter, und ich mußte mich wundern, daß er noch nicht schlappmachte. Etwa zehn Mann hatten das Glück, mir folgen zu können. Dann war die Feuersbrunst mit dem Menschenknäuel völlig verwachsen. Wir liefen nun auf den Köpfen der Kameraden wie auf einem Pflaster um unser Leben. Die Menschen unter uns standen so dicht zusammengepreßt, daß wir gar nicht einbrechen konnten. An der Reling kletterten wir außenbords hinunter auf das kleine Ruderdeck. In diesem Raum war kaum etwas Brennbares. Der Platz hier war sehr eng, denn schon standen da an die dreihundert Menschen. Ein ziviler Schiffsangestellter leistete in vorbildlicher Weise Erste Hilfe. Auf dem Deck über uns verbrannten alle Kameraden. Nach kurzer Zeit fand das Feuer keine Nahrung mehr. Eine Totenstille herrschte. Sobald wir konnten, versuchten wir nachzusehen. Uns bot sich ein furchtbares Bild. Mehr als zweihundert verbrannte, verkohlte Menschen, zu einem Klumpen zusammengeschweißt.«

In dieser Stunde sind auf der »Cap Arcona« mehr als dreitausend Menschen verbrannt. Die meisten unter Deck, wie die Russen in dem Bananenbunker, viele in den Zwischendecks, im Rauchsalon, im Wintergarten, in den Speisesälen und manche sogar in den Bullaugen, in denen sie steckengeblieben sind, als sie hinausklettern wollten.

Dieses schreckliche Bild hat Erwin Geschonneck später beschrieben: Menschen, von denen nur noch der Oberkörper aus dem Bullauge hinausragt und deren Unterkörper im Innern des Raumes verbrannt ist.

Einige Gefangene sind so dünn, daß sie durch die engen Bullaugen hinauskommen. Einer von ihnen ist der Russe Wassilij Bukrejew. Als die Raketen einschlagen, ist er tief unter Deck. Später erzählt er: »Das Schiff verwandelte sich in eine Fackel. Zwei Schiffsräume, einer befand sich unter dem anderen, hatten nur einen schmalen Ausstieg zum Deck. Fast niemandem gelang es, da herauszukommen. Ich sprang durch das Bullauge ins Wasser. Das Schiff sank. Ich schwamm zur Seite, und hier sah ich Geschonneck. Wir schwammen zusammen zurück zum Schiff, kletterten an der Ankerkette hoch, durch die Blase zum Deck. Überlebt haben vor allem jene, die zurück zum Schiff kamen. Wer zum Ufer schwimmen wollte, wurde von den deutschen Booten aus erschossen. Und am Ufer befanden sich Kriegsschüler der U-Boot-Schule. Sie feuerten auf jeden, der versuchte, das Festland zu erreichen.«

Nicht auf jeden. Einige erreichen das Festland. Bogdan Suchowiak zum Beispiel. Einige wenige werden auch von den Marinebooten aufgenommen, obwohl es den Matrosen verboten ist, KZ-Häftlinge zu retten.

Ein Boot nimmt zwanzig Gefangene auf

Die Neustädter Bucht ist jetzt ein Meer von Köpfen. Am Ufer stehen die Menschen und schauen der Katastrophe zu. Ein 9jähriger Junge, er heißt Gerhard Schnoor und wird später Gastwirt in Pelzerhaken, vergißt dieses Bild der auf- und abwogenden Köpfe in der See nie mehr. Vom Strand aus sieht er die »Cap Arcona« brennen. Er wundert sich, daß keine Schiffe zu Hilfe kommen. Dabei liegen nicht nur Minensuchboote und andere Kriegsmarineschiffe im Hafen. Das ganze Hafenbecken liegt voll mit Fischkuttern. Keiner wirft die Leinen los, um den Schiffbrüchigen draußen zu helfen.

Eine halbe Stunde ist seit dem englischen Angriff vergangen. Da sieht Gerhard Schnoor, wie die »Thielbek« sich auf die Seite legt, kentert und untergeht.

Endlich, endlich laufen Marineboote aus Neustadt aus. Das ist die Rettung, denken die Schwimmer im Wasser, die sich vor dem Feuer und dem Untergang gerettet haben. Wie falsch.

»Nur deutsche Soldaten kommen an Bord«, ruft ein Offizier durchs Megaphon den Schiffbrüchigen am Wrack der »Cap Arcona« zu. Aleksander Machnew sieht: »Die Deutschen schlugen jene, die sich dort festhielten, auf die Hände und warfen sie erbarmungslos zurück ins Wasser.« Als immer mehr Häftlinge sich in ihrer Todesangst an das Boot klammern, nehmen die Marinesoldaten ihre Waffen. »Die Deutschen begannen zu feuern. Sie schossen auf die im Wasser treibenden Kameraden. Lautlos versanken die von den Schnellfeuergewehren Getroffenen.«

Das berichten auch Erwin Geschonneck und Rudi Goguel, Bogdan Suchowiak, Tadeusz Kwapínski, viele andere.

Einige Ausnahmen gibt es: Einer der Bootskommandanten nimmt zwanzig Häftlinge auf. Der Offizier erklärt dem Kommunisten Paul Stassek, daß er gegen den strikten Befehl des Fregattenkapitäns Schmidt handele, der die Aufnahme von Gefangenen verboten habe.

Fregattenkapitän Heinrich Schmidt ist der Standortkommandant von Neustadt. Sein Dienstsitz ist die U-Boot-Schule. Dort waren bis zum Nachmittag einige der Mitglieder des Stabes der »Deutschen Reichsregierung«. Nach dem englischen Angriff sind sie Richtung Flensburg abgefahren. Sie könnten dem neuen »Führer« Karl Dönitz von der Katastrophe in der Neustädter Bucht berichten – auch von den Verbrechen der deutschen Marinesoldaten an den schiffbrüchigen Gefangenen. Möglicherweise haben sie es auch. Aber Dönitz interessiert sich nicht dafür. Er beschäftigt sich mit Wichtigerem als dem Tod von siebentausendfünfhundert KZ-Häftlingen bei Neustadt. Sein Generalstabsmajor Joachim Schultz-Naumann, der das Kriegstagebuch von Dönitz führt, hat vierzig Jahre später ausgesagt: »Ich möchte darauf hinweisen, daß ich in meiner Arbeit als Kriegstagebuchführer so mit dem großen militärischen Geschehen beschäftigt war, daß ich für die Dinge, die nicht die Gesamtlage betrafen, gar keine Zeit erübrigen konnte.«

Schmidt, der Fregattenkapitän von Neustadt, sagt später in einer »Dienstlichen Meldung« die Unwahrheit: »Noch während des Angriffs wurden von mir sämtliche verfügbaren Fahrzeuge für Rettungsaktionen eingesetzt. Es sind dies schätzungsweise sechs bis acht kleinere Fahrzeuge gewesen. Nach den von mir nicht nachgeprüften Angaben sollen zirka zweihundert Menschen gerettet worden sein.«

Was wirklich geschehen ist, schildert der deutsche Häftling Rudi Goguel: »Rettungsboote in Sicht! Das müde Gehirn zwingt sich zur Konzentration. Es ist schwer. Eine Stunde im eiskalten Wasser hat den Körper gelähmt. Rufe! Winke! Sie müssen dich sehen! Zwei Minensuchboote rauschen heran. Dort wird einer aufgefischt, hier ziehen sie einen aus dem Wasser. Also sind wir doch nicht verloren? Ich rufe. Ich winke. Ein leises Lallen ist alles. Drei Handbreit über die Wasserfläche hebe ich den Arm. Dann sinkt er schwer und gefühllos ins Wasser herunter. Dann geschieht etwas: Schüsse peitschen durch die Luft. Ganze Maschinengewehrsalven ertönen. Kleine Wasserfontänen zeigen die Einschläge ins Wasser. In das allgemeine Geschrei mischen sich helle Todesrufe. Sei froh, daß du nur gelallt hast vorhin. Sei froh, daß du deine Arme nicht höher heben konntest. Sie haben dich nicht gesehen. Du armer Irrer! Hast du denn tatsächlich geglaubt, daß man dich retten will? Hast du denn nicht gesehen, daß nur gut uniformierte, mit Schwimmgürtel versehene SS-Leute aus dem Wasser aufgefischt wurden? Hast du tatsächlich geglaubt, daß es auf dieser Welt auch noch Menschen gibt?«

Selbst die Rettungsringe werden zu Todesfallen. Aleksander Machnew sieht von seinem Platz auf dem Vordeck auf zwei Ringe hinunter, an denen sich Menschen festklammern, immer mehr, bis die Ringe mit den Menschen untergehen und nach einiger Zeit die leeren Ringe wieder hochkommen: »So wie die Ringe an der Oberfläche auftauchten, schwammen von allen Seiten die Menschen hinzu in der Hoffnung, sich zu retten. Überlastet von den sich ballenden Menschenklumpen, die sich an die Ringe klammerten, sanken diese mit ihrer Last hinab. So waren bei dieser Katastrophe zwei kleine Ringe noch imstande, nach und nach einige hundert Menschen in die Tiefe zu ziehen.«

Erwin Geschonneck schwimmt zurück zum brennenden Schiff: »Werde ich durchhalten, oder trifft mich eine Kugel, jetzt, da schon die Freiheit so nahe ist? Ich drehe mich um. Eine schwarze Rauchfahne zieht vom Mittelschiff der ›Cap Arcona‹ übers Heck, doch vorn scheint es klar zu sein. Vielleicht ist es besser, die weiteren Ereignisse auf der ›Cap Arcona‹ abzuwarten? Mit letzter Kraft schwimme ich auf das Vorschiff zu und versuche, mich an der herunterhängenden Ankerkette festzuhalten. Wie eine riesige Menschentraube hängen die Häftlinge. Fast eine Stunde brauche ich, um mich nach oben zu ziehen. Auf dem Vorderdeck breche ich zusammen. Unweit von mir steigen jetzt dicke Rauchschwaden aus dem Schiffsinnern. Ich erkenne, daß dort Menschen, über und über mit Brandwunden bedeckt, die Treppe, die zum Vorschiff nach oben führt, hinaufklettern. Plötzlich: ein Krachen und Splittern. Die Treppe ist in sich zusammengebrochen, Hunderte von Häftlingen unter sich begrabend. Mit einigen Kameraden lasse ich Taue hinab. Es gelingt uns, noch einige zu retten. Jemand ruft meinen Namen. Es ist André Mandryx. Beide Beine sind ihm abgequetscht. Aus den Stümpfen quillt stoßweise Blut. Neben ihm erkenne ich Schiefelbein, einen alten Berliner Genossen. Seine Arme und Beine sind mit Brandblasen bedeckt. Die Schiffsplanken unter mir werden immer heißer. Auf einmal fängt der Horizont an, etwas schief zu werden. Instinktiv klammere ich mich an die Reling und werde mit hochgerissen. Die ›Cap Arcona‹ kentert, ich hänge in der Luft. Kommt jetzt das Ende? Innerhalb weniger Minuten hat sich das Schiff auf die Seite gelegt. Ich sehe nach unten. Einige hundert Menschen, die sich nicht festhalten konnten, sind über das Deck gerutscht und von den Strudeln in die Tiefe gerissen. Neben mir hängen noch ein paar Glückliche an dem Schiffsgeländer. Ich klettere über die Reling. Das große Schiff bleibt ruhig liegen, nur eine Seite des Rumpfes ragt ein paar Meter über die Wasseroberfläche. Ich taumle über die Breitseite des Schiffes. Durch ein Kajütfenster ragt der festgeklemmte verbrannte Körper eines Menschen. Ich lege mich erschöpft auf den Bauch. Hier sind die Schiffswände durch das überspülende Wasser nicht so heiß. Ich bin barfuß, meine Hose ist versengt und zerrissen. Meine Zähne klappern vor Kälte, an Händen und Füßen habe ich Brandwunden. Einige Überlebende finden sich auf dem Schiffswrack zusammen. Die meisten sind verwundet, alle erschöpft.

Was geht an der Küste vor? Das ist die bange Frage, die uns alle bewegt. Es wird langsam dunkel.«

Als die »Cap Arcona« kentert, ruft Heinrich Mehringer seinem schwerverbrannten Freund Max zu: »Halt dich an der Kette fest! ... Das Wasser hatte uns erreicht und schlug über uns zusammen. Nur nicht auslassen, sonst bist du rettungslos verloren, hämmerte mein Gehirn. Unter Wasser öffnete ich die Augen, aber es war alles düster, nicht wegen der Wassertiefe, sondern das Wasser war verfärbt von den Brandresten und von der Asche verbrannter Menschen. Als ich merkte, daß das Schiff ruhig lag, ließ ich los. Es wurde heller und heller, und auf einmal war mein Kopf über Wasser. Meine Lungen atmeten wie Maschinen. Sie wurden gar nicht mehr satt, denn ich litt an einem schweren Emphysem. Ich brauchte einige Minuten, bis ich einigermaßen klar war. Sofort suchte ich Max an der Oberfläche, er mußte ja auch aufgetaucht sein. Da, zwei Meter von mir entfernt, war er wirklich aufgetaucht. Er lag auf dem Bauch, das Gesicht im Wasser, die Arme breit – tot. Bei seinen Schmerzen ist er wahrscheinlich bei der Berührung mit dem Wasser ohnmächtig geworden und ertrunken.

Ich konnte eine Strebe erreichen und mich erst einmal daran festhalten. Das Schiff lag nun ganz auf der Seite, so ruhig, als wäre überhaupt nichts geschehen. Totenstille ringsum. Neben mir schwamm ein junger Pole. Seine Augen waren schon glasig. Er konnte nur noch sagen: ›Hilf mir!‹ Aber ich konnte mir selber nicht helfen. Es dauerte nicht lange, und der junge Pole versank, die Kälte des Wassers war sein Tod. So zu sterben ist nicht schwer. Man merkt gar nichts.

Etwas weiter weg schwamm ein Brett. Langsam, langsam kam es näher heran. Schließlich konnte ich es erreichen. Mit allerletzter Kraftanstrengung gelang mir ein Bauchaufschwung auf das Brett. Beide Beine waren noch im Wasser. Sie waren schwer wie Blei. Ich merkte, wie ich immer schwächer wurde. Aber ein paar Handbewegungen konnte ich noch ausführen, und mein Brettchen schwamm mit mir an das Schiff heran. Ich glaube, daß ich eine halbe Stunde gebraucht habe, bis ich Zentimeter um Zentimeter an den Schiffsbauch gelangen konnte. Kein Lebender weit und breit. Es kam mir zugute, daß das Eisen des Schiffes sehr warm war. Diese Wärme gab mir neue Kraft. Schließlich lag ich völlig erschöpft auf dem Schiffsbauch.

Mein erster Gedanke: Gerettet! Eine weitere halbe Stunde benötigte ich zum Kräftesammeln. Weiter oben waren einige andere Kameraden hinaufgeklettert. Im Wasser sah ich einige noch mit dem Leben ringen. Wir warfen mit letzter Kraft Tauwerk zu den Leuten hinunter. Ein alter Mann, ein Landesschütze, konnte ein Tau fassen. Und wir hatten zu fünft zu tun, um diesen etwas herauszuziehen. Dann konnte er sich selbst weiterhelfen. Er war nicht so ausgehungert wie wir Häftlinge.

Ein weiteres Erlebnis erschütterte mich. Zwei kämpften um ein Brett im Wasser. Jeder wollte es haben, denn für zwei war es zu klein. Der eine siegte nur dadurch, daß er dem anderen den Kopf unter Wasser drückte. Dann fiel auch er ermattet zurück und versank.

Nach einer weiteren halben Stunde hatte ich soviel Kraft, daß ich mich erheben konnte. Ich wollte höher klettern, aber ich kam nicht weit, der Schiffsleib war so heiß, daß man es barfuß nicht aushalten konnte. Im Wasser schwabberten zwei Holzschuhe. Mit einem Brett angelte ich sie mir. Leider waren es zwei linke Schuhe. Aber was machte es aus? Sie schützten mich vor den heißen Eisenplatten des Schiffes. So konnte ich nun höher gehen. Mittlerweile sammelten sich zirka 85 Mann auf dem Schiffsleib. Der eine pflegte seine Brandwunden, ein anderer suchte sich etwas zum Anziehen, wir alle suchten die Wärme.«

Geschonneck ist dort, Wassilij Bukrejew, viele andere, die Heinrich Mehringer aus Neuengamme kennt. Aber André Mandryx ist nicht mehr da. Er war nicht, wie Erwin Geschonneck vermutet hatte, beim Kentern der »Cap Arcona« ins Wasser gerutscht und ertrunken, sondern auf eine viel schrecklichere Weise ums Leben gekommen. Bukrejew hatte es beobachtet: »André hatte sich, wie viele andere, an die Ankerkette geklammert, um nicht in die Tiefe gerissen zu werden. Doch als das Schiff sich auf die Seite legte, spannte sich die Kette immer mehr und zerquetschte die Menschen an der Schiffswand.« Auch Wassilij Bukrejews Kamerad Nikolaj Shuk hatte dies aus nächster Nähe beobachtet. Er schwamm unmittelbar neben der Ankerkette im Meer.

Ein Zeuge Jehovas predigt den Russen

Der Häftling Ernst Schneider schreibt später ein ausführliches Tagebuch. Er ist ein Musiker aus Düsseldorf, sehr fromm, Zeuge Jehovas. Ins KZ muß er, weil der Orchesterwart ihn bei der Gestapo anzeigt: Schneider weigert sich »Heil Hitler!« zu grüßen. So kommt er nach sechs Jahren Gefangenschaft auf die »Cap Arcona«. Als das Schiff brennt, springt er ins Wasser. »Ich hatte schon Wasser geschluckt und dachte, nun ist's wohl zu Ende. Jemand klammerte sich an mir fest, ich riß mich los. Als ich wieder mit dem Kopf über Wasser kam, schwamm ich direkt auf das Schiff zu, um mich dort festzuklammern und auszuruhen, denn ich war beinahe fertig. Zum Glück lag es schon seitlich auf dem Meeresgrund und ragte ungefähr noch sieben Meter aus dem Wasser.

Mein Bruder Karl H. hielt sich plötzlich auch hier fest. Paß auf, sagte ich ihm, hier ist alles heiß. Eine leichte Brandwunde an meiner rechten Hand und an meinem linken Arm habe ich noch heute.

Nachdem wir uns etwas erholt hatten, sagte ich zu Karl: Wir müssen sehen, daß wir nach oben kommen, vielleicht kommt gegen Abend doch noch ein Rettungsboot. Karl war ziemlich fertig. Komm, schwimm mir nach, sagte ich. Dann hatte ich eine Stelle gefunden, die windgeschützt war. Dort konnte ich auf eine lange Eisenplatte steigen, bis zu den Knien im Wasser. Hier war das Wasser etwas wärmer. Ich drückte mich in den Hohlraum. Die Wärme, die dort war, hatte mich einigermaßen wiederhergestellt, denn ich klapperte stark mit den Zähnen und spuckte auch Blut.

Auf einmal hörte ich oben auf dem Schiff meinen weiteren Bruder namens Alfred K. rumhantieren. Er war Seemann. Er rettete einen Bruder und ungefähr zwanzig Russen. Er rief mir zu: ›Was machst du denn da unten? Komm rauf, es kommt ein Rettungsboot.‹ Er warf mir ein Tau zu, an dem ich an der Eisenwand des Schiffes, die noch nicht abgekühlt war, hinaufkletterte. Oben angelangt, half ich noch, zwei Russen, die etwas deutsch sprechen konnten, nach oben zu ziehen. Einer der beiden sagte, daß er schon vier Schiffskatastrophen mitgemacht hatte. Ich habe sie in diesem Zustand, soweit es mir möglich war, auf die Tatsache hingewiesen, wenn sie ewiges Leben hier auf dieser Erde erhalten wollen, wo Gerechtigkeit, Friede, Wohlfahrt und Glück in vollkommenem Zustand sein wird, müssen sie sich der Theokratie des Königreichs Gottes, welches jetzt hier auf Erden aufgerichtet wird, unter der Oberherrschaft Jehovas, der Himmel und Erde gemacht hat und seinem Sohn Jesus Christus, dem er die Gewalt gegeben hat im Himmel und auf Erden, welche die wahren und einzigen Obrigkeiten, und Jesum Christum anerkennen als den, der sein Blut vergossen hat für alle Menschen, die darum nicht verlorengehen sollen, unterordnen. Weiter sagte ich ihnen, daß sie sich von der untergehenden Welt, welche hauptsächlich aus Religion und Handel besteht, trennen müssen, denn nur der wird gerettet, das heißt: während der Schlacht Gottes, Errettung für den, der in die Zufluchtsstatt THEOKRATIE geflüchtet ist, und so weiter. Inzwischen legte das Rettungsboot an und nahm ungefähr 300 Gerettete mit an Land. Ein Marinesoldat war so gütig und gab mir seinen eigenen Militärrock, den ich sofort anzog, denn es war mir sehr kalt, da ich nur noch meine Hose und ein zerrissenes Hemd anhatte. Bei Dunkelheit schifften wir uns ein. Auf einer Brücke sah ich die Engländer mit ihren Panzern und sonstigen Wagen ankommen. Sie wiesen uns den Weg zur Kaserne. Alfred, der auch englisch spricht, war für uns acht gerettete Brüder eine gute Hilfe.«

Ein Geretteter wird wieder ins Wasser gestoßen

Während es zu regnen beginnt und die letzten überlebenden Häftlinge auf dem Bauch des ausgebrannten Schiffes frierend auf Rettung warten, schwimmen immer noch Menschen im Meer. Bogdan Suchowiak zum Beispiel: »Den ersten Kilometer legte ich in guter Form zurück. Einer meiner geretteten Kameraden erzählte mir später, er habe mich im Wasser gefragt, wohin ich schwimme. Ich soll ihm geantwortet haben: ›Ich beeile mich, damit ich euch an Land gute Quartiere besorgen kann.‹ Ich konnte mich daran aber nicht erinnern. Nach etwa fünfzehn Minuten drehte ich mich um und sah überall auf dem Wasser die Köpfe von Menschen. Auf dem Heck der ›Thielbek‹ standen immer noch Kopf an Kopf die Häftlinge. Es waren wohl diejenigen, die nicht schwimmen konnten.

Als ich mich das zweite Mal umdrehte, war die ›Thielbek‹ verschwunden. Nur noch Trümmer schwammen auf dem Wasser, dazwischen die Köpfe von Menschen. Rechts ließ ich die brennende ›Cap Arcona‹ hinter mir.

Ich schwamm schon zwei Stunden. Meine Beine erstarrten. Manchmal hatte ich den Eindruck, daß ich einen fremden Körper und nicht meinen eigenen bewege.

Plötzlich verwickle ich mich in mein langes Hemd, tauche unter und schlucke viel Wasser. Als ich wieder auftauche, liegt ein Minensuchboot in meiner Nähe und fischt Schiffbrüchige aus dem Wasser. Ich ändere meine Richtung und schwimme mit aller Kraft auf das Boot zu. Aus einer Entfernung von ungefähr achtzig Metern sehe ich einen jungen Offizier an Bord. Er ruft durch ein Sprachrohr der Besatzung zu: ›Keine Häftlinge an Bord nehmen, nur SS-Leute und Marinesoldaten!‹ In meinem Zustand ist das ein Todesurteil. Aber ich muß es trotzdem versuchen. Immerhin: Ich habe ein deutsches Militärhemd an und spreche gut deutsch. Ich schwimme an den Bug und schreie den Matrosen an: ›Wirf mir eine Leine runter!‹ Der antwortet: ›Du kannst doch noch ganz gut schwimmen, komm an die Leiter!‹

Er zeigt mir ein kleines Fallreep. Ohne Schwierigkeiten komme ich an Bord. Der Matrose bringt mich unter Deck. Dort sind schon mehrere Häftlinge, Deutsche, Tschechen, Russen und einige Soldaten. Offenbar wurde der Befehl, keine Häftlinge aufzunehmen, von der Besatzung nicht ausgeführt. Vaclav Koubek ist dort, ein Tscheche, Proviantkapo in Neuengamme und wegen dieser einflußreichen Stellung von den Kriminellen gehaßt. Er hilft mir, das steife Hemd auszuziehen. Ich krieche in eine der Kojen und decke mich mit allem zu, was ich erreichen kann. Zwei sowjetische Gefangene folgen meinem Beispiel. Die Koje bricht krachend zusammen. Ein Matrose kommt, schimpft furchtbar. Da meldet ihm einer der kriminellen Häftlinge, Koubek und ich seien Ausländer. Der Matrose zieht sein Bajonett. Ich renne aufs Deck und verstecke mich in einem Verschlag mit Schlepptauen. Das Boot fährt sehr schnell. Auf einmal entdeckt mich der Matrose und ruft: ›Mach, daß du verschwindest!‹ Er gibt mir einen Tritt. Ich stehe auf, sehe, daß die Küste nicht einmal mehr vierhundert Meter entfernt ist. Der Matrose stößt mich über Bord. Meine Kräfte sind etwas erholt. Ich schwimme auf eine Sandbank zu. Hundert Meter vor der Küste bekomme ich Grund unter die Füße. Schließlich stehe ich auf trockenem Sand. Ich habe gesiegt, ich habe mein Leben gerettet. Hinter mir liegt der Krieg, der Septemberfeldzug, die Kriegsgefangenschaft und siebenundfünfzig Monate Konzentrationslager. Gerettet hat mich letzten Endes die Rindfleischkonserve, die ich kurz vor dem Luftangriff gegessen hatte und die mir endlich wieder etwas Kraft gab.

Gerettet? Plötzlich schreit mich jemand an: ›Bandit, kusch oder ich schieße!‹ Kindersoldaten stehen vor uns, Sechzehnjährige in Marineuniform. Ich muß mich auf den Bauch legen, die Arme nach oben ausgestreckt. Immer mehr Gerettete kommen von unserem Minensuchboot an Land, einige schwimmend, andere in Gummibooten. Fünfzehn sind wir schließlich.

Nach einer halben Stunde befehlen uns die Kinder, aufzustehen, die Hände hochzuheben und vorwärts zu marschieren. Sie sind sehr nervös, schreien dauernd Befehle, stoßen uns mit den Gewehrkolben, bedrohen uns mit den Waffen. Wir fünfzehn sind fast alle nackt. Sie führen uns zu einer Baracke, zählen uns ab, treiben uns hinein und verschließen die Tür. Drinnen sind Segel. Ich wickle mich in ein Stück Segeltuch wie in eine römische Toga. Mir wird langsam wärmer. Aber die anderen, die aus Wunden von Splittern und Kugeln bluten und die von Brandwunden bedeckt sind, leiden hier mehr als im Wasser.

Nach langer Zeit kommt ein Marinelastwagen vorgefahren. Wir erhalten den Befehl aufzusteigen. Aus der Ferne hören wir Maschinengewehrfeuer. Plötzlich stoppt der Wagen. Wir haben alle Angst, exekutiert zu werden. Jemand öffnet die hintere Tür des Wagens. Ich traue meinen Augen nicht: Mitten in einer Gruppe deutscher Soldaten steht ein britischer Hauptmann, und der deutsche Infanteriemajor salutiert vor ihm. Die Engländer sind da!

Ich springe aus dem Wagen und stelle mich vor den Engländer. Zum ersten Mal in meinem Leben will ich eine englische Rede halten: ›Sie haben uns die Freiheit gebracht. Wir danken Ihnen.‹

Doch der englische Offizier beendet meine friedliche Rede sofort. Er ruft: ›Shut up!‹ Halt das Maul.«

Die Sache mit dem Stöckchen

Auf dem Passagierdampfer »Patria« im Flensburger Hafen bittet um diese Zeit der Großadmiral Karl Dönitz die Herren seines Stabes zu Tisch. Der neue Führer des Großdeutschen Reiches ist zufrieden. In der Nacht zuvor, als er mit seiner schweren Panzerlimousine von Plön nach Flensburg gefahren war, hatten ihn die Engländer sehr gestört: »Die Straßen wurden von den Flugzeugen mit Scheinwerfern beleuchtet, um so festgestellten Verkehr zu beschießen. Sehr oft mußten wir daher unsere Weiterfahrt nach Flensburg unterbrechen, so daß wir schließlich erst um 2 Uhr nachts dort ankamen.« Nun aber, nach der Nachtruhe auf dem Wohnschiff und nachdem er in der vergangenen Nacht den Generaladmiral Hans-Georg von Friedeburg zu Kapitulationsverhandlungen nach Häcklingen bei Lüneburg ins Hauptquartier des englischen Feldmarschalls Bernard Montgomery geschickt hatte, war es ruhig geblieben.

»Am Morgen des 3. Mai hatte ich besondere Sorgen, ob nun die Luftangriffe wieder einsetzen würden, oder ob möglicherweise Friedeburg mit seiner Bitte um Waffenstillstand bei Montgomery Erfolg gehabt hätte. Als es auch in den Vormittagsstunden ruhig blieb, begann ich zu hoffen, daß dies die Auswirkung von Friedeburgs Verhandlungen wäre.«[10]

Ist dem Flottenchef Dönitz entgangen, daß an diesem Tag der größte Luftangriff der Royal Air Force gegen den Rest der deutschen Flotte stattfindet? Außer der »Cap Arcona« und der

---

10 Karl Dönitz, *40 Fragen an Karl Dönitz,* München 1979

»Thielbek« mit ungefähr 7500 Toten, außer der »Deutschland« werden von den englischen Flugzeugen in diesem »Shipping Strike« (Schlag gegen die Schiffe) 64 weitere Schiffe versenkt oder schwer beschädigt: zwei Tanker, zwei U-Boot-Tender, acht U-Boote, neun Zerstörer, zehn Schnell- und Minenräumboote, zwei Flakschiffe, ein Bagger und 30 kleinere Fahrzeuge vom Schlepper bis zum Trawler.

In der Idylle auf dem Führerschiff beschäftigt den letzten Regierungschef des Nazi-Reiches eine andere Sorge: Die »erniedrigende Art der Behandlung« seines Generaladmirals von Friedeburg durch die Engländer. Als der Unterhändler gegen 23 Uhr wieder von den Engländern zurück ist, regt Dönitz sich empört darüber auf, daß »mittels eines Stöckchens auf dem Boden genau der Platz markiert wurde, wo sich die deutschen Unterhändler aufstellen mußten«[11].

Bis an sein Lebensende hat dieser Dönitz den Tod der vielen tausend KZ-Gefangenen in der Neustädter Bucht nicht zur Kenntnis genommen. Am 1. Dezember 1980, drei Wochen vor seinem Tod, schreibt er mir: »Ich habe keine Unterlagen über diese Schiffe. Infolge meines hohen Alters hat auch leider die Erinnerung an diese Zeit bei mir sehr nachgelassen, so daß ich Ihnen aus meinem Gedächtnis nichts mitteilen kann.«

Das Gedächtnis jedes Menschen bewahrt Erinnerungen, die ihn besonders beeindruckt haben. Der Tod der Gefangenen in der Neustädter Bucht gehörte für das Gedächtnis des Großadmirals nicht dazu.

Viele Hunnen fanden die Ostsee sehr kalt

Martin Trevor Scott Rumbold landet mit seiner 263. »Birthday«-Staffel wieder heil in Ahlhorn. Nach ihm die 197. Staffel von Captain Harding. Einer fehlt. Der Flight Officer L. S. Brookes. Seine Typhoon wird von dem Flakgeschütz der »Athen«, getroffen und abgeschossen. Der Richtschütze heißt Gerhart Jahn. Er berichtet vierzig Jahre später: »Beim Einlaufen in den

---

11 Walter Lüdde-Neurath, *Regierung Dönitz,* Druffel-Verlag Leoni 1981

Hafen haben wir das Feuer auf die Flugzeuge eröffnet. Ein Flugzeug wurde von uns in Brand geschossen.« Einer der Flaksoldaten, Karl Meier aus Mannheim, wird durch einen Splitter schwer verletzt: »Auf meine Hilferufe kamen zwei der KZ-Häftlinge und brachten mich über die Jakobsleiter an Land zur U-Boot-Schule.« Im Notlazarett wird ihm der Oberschenkel amputiert.

Noch während Harding und Rumbold im »Operations Room« am Rande der Rollbahn ihre Berichte über den Einsatz diktieren, klingelt das Feldtelefon: Brookes ist am Apparat. Er hat eine Notlandung auf dem Feld beim »Blauen Abel« gemacht, ist unverletzt geblieben und wird morgen wieder zurück sein.

Sie gratulieren ihm. Wie immer, wenn sie heil zurück sind von einem Einsatz, feiern sie an diesem Abend den Namen von Rumbolds Staffel: »Birthday«, Geburtstag.

Im »Operations Record Book«, dem Einsatztagebuch der 197. Staffel, steht für den 3. Mai 1945: »Der Angriff erwies sich als sehr erfolgreich und war auf ein 15 000- bis 20 000-Tonnen-Schiff gerichtet. Das Schiff brannte bereits als Folge eines vorhergehenden Angriffs der 263. Raketenstaffel, aber zwei direkte Treffer der 197. machten es zu einem lodernden, kenternden Wrack.«

Peter West, Don Saunders, Pierre Clostermann und die anderen Piloten der 3. Staffel sind gerade in Faßberg gelandet, da rauscht eine Formation von torpedobestückten »Beaufighters« über den Platz »mit einem donnernden Gebrüll«, schreibt Clostermann in sein Tagebuch.

»Sie kommen von Norden. Es sind ganze Schwärme, ungefähr drei Geschwader. Sie sind auf dem Heimweg vom riesigen Schlag gegen die Schiffahrt, der gegen den gewaltigen Konvoi in der Kieler Bucht gerichtet war. Eine Maschine hat einen brennenden Motor mit einer starken schwarzen Rauchfahne und versucht, auf unserem Feld zu landen. Sie setzt zu einer Schleife an, ungefähr 500 Meter entfernt, und kracht dann mit einer entsetzlichen Explosion in der Nähe des Schwimmbekkens herunter. Die Feuerwehr und die Ambulanz rasen dorthin. ›Jesus, warum diese Eile?‹, murmelt Peter West, ›da kann nicht viel übriggeblieben sein.‹ Wie recht er hat. Zehn Minuten später kommt die Ambulanz langsam zurück mit den traurigen Überresten des Piloten und des Beobachters.«[12]

Gerade haben sie mit dem Essen begonnen in der noblen Offiziersmesse, die sie von der deutschen Luftwaffe geerbt haben, als ein neuer Einsatzbefehl kommt: Nachtangriff auf mehr als hundert Wasserflugzeuge in der Bucht von Großenbrode.

Warum die noch zerstört werden sollen, obwohl Montgomery die Kapitulation für den nächsten Tag entgegengenommen hat und die Engländer diese Flugzeuge unversehrt übernehmen würden, begreift man nicht.

Sie starten um 20 Uhr 15. Es wird ein verlustreicher Flug. Von vierundzwanzig Maschinen kommen dreizehn zurück. So bleibt in der Erinnerung der Piloten der 3. Staffel dieser Luftangriff auf Großenbrode tiefer haften als der Angriff auf die Schiffe in der Neustädter Bucht, bei dem sie ohnehin nur Jagdschutz zu fliegen hatten.

Und sie wissen nicht, wer auf den Schiffen war, deren Versenkung sie gefeiert haben. Der Nachrichtenoffizier der 84. Gruppe trägt im Hauptquartier in Süchteln das Ergebnis dieses Angriffs mit Stolz und britischer Ironie ins Gruppentagebuch ein:

»Das Hauptinteresse dieses Tages konzentrierte sich auf die außergewöhnliche Zahl von Schiffsbewegungen, einschließlich der Vorbereitungen dazu, in der Ostsee von Lübeck bis zur Ostküste von Dänemark. Viele dieser Schiffe, die aus allen Typen vom Landungsboot bis zum 15 000-Tonnen-Passagierschiff bestanden, liefen von Lübeck und von Kiel aus, und um 14.00 Uhr erstreckte sich ein Konvoi von Schiffen in einer Linie zwischen C.6760 und C.9569, dessen Spitze von nordöstlicher zu mehr nördlicher Richtung schwenkte ... In Angriffen, die nur als brillant beschrieben werden können, zerstörten neun Flugzeuge der 198. Staffel ein 12 000-Tonnen-Schiff und ein 1 500-Tonnen-Frachtschiff, und die 197. Staffel zerstörte in der Neustädter Bucht ein Fahrzeug von 15 000 Tonnen. Der 12 000-Tonner wurde beim Abflug als brennend vom Bug bis zum

12 Pierre Clostermann, *The Big Show,* London 1951

Heck bezeichnet ... Der stärkste Schiffsverkehr wurde im Gebiet Neustadt-Lübeck beobachtet. Durch Beobachtungen, die von abgesprungenen Piloten gemacht wurden, und aus den Umständen läßt sich annehmen, daß viele Hunnen heute die Ostsee sehr kalt gefunden haben ... Heute haben Bomber und raketenbestückte Typhoons bewiesen, daß sie an Schiffen jeder Größe ebenso große Zerstörungen anrichten können, wie sie sie bisher bereits den feindlichen Armeen zwischen der Normandie und der Ostsee zugefügt haben.«

Schlächter werden getötet

Das Oberkommando der Wehrmacht gibt über den Kampfverlauf des 3. Mai 1945 bekannt:

»In der Reichshauptstadt setzen Reste der tapferen Besatzung in einzelnen Häuserblocks und im Regierungsviertel ihren heroischen Widerstand gegen die Bolschewisten immer noch fort. Bei heftigen örtlichen Kämpfen blieb die Lage in Nordwestdeutschland zwischen Ems und unterer Weser im allgemeinen unverändert. Beiderseits des Elbe-Trave-Kanals stießen die Engländer aus dem Raum Mölln auf Lübeck vor und nahmen die Stadt. Vorgeworfene feindliche Abteilungen erreichten Bad Segeberg und den Raum nordwestlich von Plön. Die von Schwerin nach Norden und Nordwesten angreifenden Amerikaner drangen bis zur Küste bei Wismar und in den Raum Gadebusch vor. In Mecklenburg haben unsere Truppen die Linie vom Plauer See bis Rostock gegen starke Angriffe der Bolschewisten im wesentlichen gehalten ...

Die feindliche Luftwaffe führte vor allem im norddeutschen Raum zahlreiche Tiefangriffe und setzte den Terror gegen die Zivilbevölkerung fort. Das Oberkommando der Wehrmacht hat die Marinestützpunkte Kiel und Flensburg zu offenen Städten erklärt und angeordnet, daß sie nicht zu verteidigen sind.«

Mit gutem Grund: In Flensburg sitzt das Oberkommando der Wehrmacht.

Die Kriegsführung in Norddeutschland ist an diesem Tage ohnehin von dem Gedanken bestimmt, den nach Norden flüchtenden Kollegen des »Führungsstabes Nord«[13] den Fluchtweg nach Flensburg offenzuhalten. Deshalb befiehlt Dönitz um 11 Uhr 20, daß der »Kampfkommandant Schleswig« alle verfügbaren Kräfte sofort an den Kaiser-Wilhelm-Kanal hinzuführen habe, »der zu verteidigen ist«. Um 13 Uhr 10 erhält der »Kampfkommandant Rendsburg« von ihm den Befehl, »daß die Stadt nicht aufgegeben werden darf. Brücken über den Kanal sind nicht zu sprengen, jedoch mit allen Mitteln zu verteidigen.« Diese Brücken brauchen die Stabsoffiziere auf ihrer Flucht nach Flensburg zur dänischen Grenze. Hinter ihnen soll der Feind so lange wie möglich zurückgehalten werden, »um der Reichsregierung die Zeit zu verschaffen, mit Montgomery über den nordwestdeutschen Raum zu verhandeln«.[14]

Zeit ist jetzt alles für die untergehenden Herren. Kaum ist der englische Luftangriff auf die Schiffe in der Neustädter Bucht vorbei, da fahren die Wagen vor der U-Boot-Schule in Neustadt vor, um die letzten Herren des Stabes nach Norden zu fahren: »In den frühen Nachmittagsstunden erfolgt Verlegung des Stabes OKW von Neustadt in Holstein nach Flensburg-Mürwik in die unmittelbare Nähe des neuen Staatsoberhauptes, Großadmiral Dönitz«, schreibt der Major Joachim Schultz-Naumann in das Kriegstagebuch des Führungsstabes Nord (A). Von der brennenden »Cap Arcona« und den vielen tausend Toten haben die Generalstäbler nichts gesehen. Sie haben angeblich erst, wie Schultz-Naumann, viel später erfahren, »es war nach Kriegende, daß die ›Cap Arcona‹ von den Engländern bombardiert worden sei. Viele Menschen seien umgekommen. Von den beiden anderen Schiffen weiß ich nichts.«

Ganz andere Interessen hat der britische Brigadegeneral Churcher, der von Süden her auf Neustadt zu geht und mit seinen Soldaten und Offizieren Augenzeuge der Nazi-Morde wird: »Unser nächster Befehl hieß, so schnell wie möglich nach

---

13 Seit dem 20. April 1945 gibt es im zerfallenden Rest-Deutschland zwei selbständig operierende Führungsstäbe, im Norden unter Dönitz, im Süden unter Jodl

14 Percy Ernst Schramm, *Kriegstagebuch des Oberkommandos der Wehrmacht*, Band 8

Neustadt an die Ostseeküste vorzurücken«, notiert er, als er von Süden her die Elbe überquert und seine Truppen Lauenburg besetzt hatten.

»Als wir Neustadt erreichten, sahen wir einige versenkte Schiffe in der Bucht, und auf einer der Landzungen wurden viele Leichen von verschleppten Personen gefunden: Sie waren von den Schiffen an Land geschleppt und hingeschlachtet worden. Als es klar war, daß die Alliierten den Ort besetzen würden, da wurden diese unglücklichen Menschen von ihren SS-Wächtern erschossen. Als das 6. Kommando, das an der Spitze stand, auf den Hügeln erschien, fand das Massaker immer noch statt. Die Deutschen, die sahen, daß nun der Spieß umgedreht wurde, stellten das Feuer ein und liefen auf die Neuankömmlinge zu, um bei ihnen Schutz zu suchen. Eine Menge verschleppter Personen, die unmittelbar vor ihrer Erschießung gestanden hatte, wandte sich nun ihren Henkern zu und umschloß sie – es war das erste Mal, daß das 6. Kommando sich nicht zu einem Galopp aufschwang, um eine Situation zu beherrschen.«

Diese Situation wurde für den SS-Scharführer Dreßler zur Todesfalle. Der Neuengamme-Häftling Emil Lukasik sagt 40 Jahre später aus, »daß ein SS-Mann während des Untergangs des brennenden Schiffes mit einem Gewehr auf dem Schiffsbug stand und auf die das Schiff verlassenden Häftlinge schoß. Ich erinnere mich, daß er am Schädel hinter dem Ohr eine Vertiefung von irgendeiner Operation hatte.« – Diesen »Mann mit dem Loch hinterm Ohr« kannten viele KZ-Gefangene. An diesem Nachmittag wird er von ihnen getötet.

Inzwischen schickt der Kommandant des 8. britischen Corps, General Sir Evelyn Barker, seinen Adjutanten F. G. Parson zum Brigadekommandanten der 1. Brigade, Derek Mills-Roberts: »Der General beauftragte mich, den Brigadier in Travemünde aufzusuchen. Der Brigadier erklärte mir, daß zwei Hamburg-Amerika-Schiffe und zwei große Prahme als Gefängnis für die unglücklichen Gefangenen der Konzentrationslager benutzt worden seien.

Die britische Aufklärung wußte davon und warnte alle, aber unglücklicherweise griffen einige RAF Typhoons diese Schiffe an und setzten zwei große Schiffe in Brand. Man gab mir zu verstehen, daß ungefähr 10 000 Opfer auf jedem Schiff waren und 1000 auf jedem der Prahme, insgesamt 22 000. Die Ufer waren über einige hundert Yards von Leichen bedeckt, ich schätze, es waren Tausende. Die Leute von den Prahmen waren mit Maschinengewehren niedergemäht worden.

Der Brigadier hatte von den Einwohnern erfahren, daß die deutsche Marine für diese Schlächterei verantwortlich war. Ich berichtete dies dem General, der sofort kam. Während wir auf ihn warteten, erschien der deutsche Feldmarschall Milch, um sich dem Brigadier mit ›Heil Hitler!‹ zu ergeben, den Marschallstab in seiner erhobenen Hand.

Der Brigadier riß ihm den Stab aus der Hand und zerbrach ihn auf seinem Kopf. Dieser Zwischenfall zeigte, wie wir alle fühlten.

Der General befahl mir, den Feldmarschall an die See zu bringen, um ihm das Ufer zu zeigen. Zusammen mit einem Dolmetscher ging ich dann den gleichen Weg, den ich vorher mit dem Brigadier gegangen war. Nachdem er einige wenige Leichen gesehen hatte, bat er, zurückgebracht zu werden, aber ich bestand darauf, daß er sich den ganzen Strand ansehen sollte. Als wir dort den ganzen Schrecken dieses Ereignisses sahen, bemerkte ich, daß der Feldmarschall ins Schwanken geriet.

Er sah, wie die Menschen getötet worden waren und ging auch an Deck einer der beiden holländischen Prahme und sah mit eigenen Augen das schreckliche Blutbad, das dort stattgefunden hatte.

Er kam von Bord der zweiten Prahme herunter, und ihm liefen Tränen aus den Augen, als er dem Dolmetscher sagte, er schäme sich, ein Feldmarschall des Deutschen Reiches und ein Deutscher zu sein.«

Im Nürnberger Prozeß wird Milch zu lebenslangem Zuchthaus verurteilt, aber nach fünfzehn Jahren freigelassen.

Vierzig Jahre später taucht der Marschallstab aus Silber und Ebenholz im Londoner Kunstauktionshaus Phillips auf. Der Händler Adrian Forman ersteigert ihn für 6 800 Pfund. Als Brigadier Derek Mills-Roberts ihn am 3. Mai 1945 dem Feldmarschall Milch über den Kopf geschlagen und dabei zerbrochen hatte, war der Stab ungefähr einen Fuß kürzer als in seiner Originalform. Die englischen Offiziere der Kommando-Brigade Nummer 1 haben das abgebrochene Stück weggeworfen. Der Brigadier Derek Mills-Roberts nimmt ihn als Erinnerung mit.

Nach seinem Tode wird er zwischen alten Aufzeichnungen gefunden. Mills-Roberts' Tochter Anne Walsh will ihn verkaufen, aber die Familie des Nazi-Marschalls Milch verklagt sie auf Herausgabe. Vor dem Londoner High Court einigen sie sich und räumen den Erben des Brigadiers die Besitzrechte ein.

Die letzten 350 Menschen

Es wird dämmerig über der Bucht von Neustadt. Eisige Regenschauer wehen übers Wasser. Auf dem Bauch des gekenterten Passagierschiffes sitzen immer noch 350 Menschen. Alle haben sie Verbrennungen am Körper. Manche fiebern. Einige haben Schüttelfrost. Keiner, der nicht an den Tod denkt. Seinen Tod, wo so viele Tode ringsumher gestorben wurden und noch gestorben werden.

»So nahe der Freiheit sollen wir hier kläglich umkommen?« schreibt Erwin Geschonneck später seine Gedanken auf. »Seit Jahren habe ich auf diesen Tag gewartet. Waren alle durchstandenen Leiden sinnlos?«

Er ist ein Schauspieler aus Berlin, Ackerstraße 6/7, Seitenflügel. Wie lange ist er schon fort aus diesem Berlin? Aus dem Elend der elterlichen Wohnung. Eltern? Die Mutter ist nur noch ein Foto über dem Bett, am Elend gestorben wie zwei ihrer Kinder. Erwin Geschonneck kennt nur das Foto, nicht die Mutter. Mit zwei Jahren gräbt sich noch keine Erinnerung ein. Da gräbt sich mehr das Elend des Vaters ein, der nicht einmal mehr Flickschuster ist wie ehemals in Bartenstein im Ostpreußischen, sondern nur noch Nachtwächter. Banken bewachen in der Leipziger Straße. Einen Schnaps trinken oder mehrere, und von dem Hund Leo respektiert werden, wenigstens von dem. »Ich diene«, ist seine Lebensparole. Das steht auf dem Koppelschloß seiner Nachtwächteruniform. Dienen sollen auch die Kinder, die drei, die von den fünfen noch leben. Der älteste,

Bruno, dient bei den Freikorps, bei der Wehrmacht, beim Bau des Westwalls als Bauingenieur. Die Schwester Käthe dient ihrem Mann, der mit dem Alkohol ins Arbeiterelend gekommen ist. Erwin Geschonneck dient als Bankbote. Als Hilfsfahrstuhlführer bei »Wertheim«. Als Hilfslohnbote. Als Hilfstischler. Als Hausbursche. Bis dieser Hilfsmensch sich gegen das Dienen auflehnt. Er wird »Fichte«-Arbeitersportler. Singt in der Agitprop-Gruppe »Sturmtrupp links« seine ersten Kampflieder gegen die Herrschenden. Singt in einer winzigen Rolle in dem Arbeitslosenfilm »Kuhle Wampe« von Slatan Dudow das Brecht-Lied: »Beim Hungern und beim Essen: Vorwärts, nicht vergessen – die Solidarität!«

Das ist 1932. Die Solidarität ist damals das einzige, wovon man noch leben kann. Denn Menschen wie Erwin Geschonneck sind für die kommenden Herren in den braunen Uniformen Untermenschen. Tod, Lager oder Emigration, anderes gibt es für sie nicht. Die Reihenfolge ist meistens umgekehrt: Emigration, Lager, Tod.

Aber die Solidarität bleibt. Für Erwin Geschonneck besteht sie darin, daß eine Gruppe jüdischer Schauspieler ihn ins Ausland mitnimmt zum Tingeln. Er wird von ihnen wegen seiner strahlend blauen Augen als kaukasischer Bergjude ausgegeben, wenn jüdische Gemeinden sich hilfsbereit zeigen. Erwin Geschonneck als Jude – mit seinen blonden Haaren und seinen hellen Augen könnte er eher der Halbbruder von Hans Albers sein.

So spielen und hungern sie sich durch die Tschechoslowakei, durch Polen und durch die Sowjetunion. Bis zu dem bitteren Tag im bitteren Jahr 1937, als der Kommunist Erwin Geschonneck aus der Sowjetunion ausgewiesen wird. Sein Mund zieht sich heute noch zusammen, wenn er darüber spricht. Aber er spricht nicht viel darüber.

Ein KZ-Gefangener verspottet Hitler

Er geht zurück nach Polen. Versucht 1939, über die grüne Grenze in die besetzte Tschechoslowakei zu kommen. An der Grenze wird er von den Nazis gefaßt, geschlagen und gefoltert. Sie bringen ihn in das Konzentrationslager Sachsenhausen. Dort lernt er die illegale politische Arbeit unter Lagerbedingungen. Wieder ist es die Solidarität, die ihn und andere am Leben erhält. In Dachau wird er Blockältester im »Pfaffenblock« unter lauter Zeugen Jehovas, Katholiken, Bekennenden Christen. Einer ist U-Boot-Kommandant gewesen, ehe er von der Kanzel den Kampf gegen den Krieg predigte, Martin Niemöller. Ein anderer ist der Propst Heinrich Grüber.

Mit solchen Leuten probt Erwin Geschonneck heimlich Theaterstücke. Dann bekommt er sogar offiziell die Erlaubnis, ein bißchen Unterhaltung zu machen, wie die SS sich das vorstellt, die das sonst »Wehrbetreuung« nennt.

Geschonnecks Wehrbetreuung sieht aus wie Klamauk und Kitsch: »Die Blutnacht auf dem Schreckenstein oder Die wahre Liebe ist das nicht« heißt sein Stück. Geschrieben ist es von einem Mithäftling, dem österreichischen Schriftsteller Dr. Rudolf Kalmar. Für die SS soll es aussehen wie eine Räuber- und Ritterparodie. Die Häftlinge begreifen sofort, daß der »Raubritter Adolar von Schreckenstein« in Wirklichkeit Adolf Hitler ist, über den sie sich öffentlich lustig machen. Erwin Geschonneck spielt mit seinem Leben, als er vor den Augen und Ohren seiner Todfeinde hinter dem Ritter Adolar immer deutlicher den Gauner Hitler hervortreten läßt. Schon als das »Gespenst« dem »Helden« ins Gesicht ruft, was es von ihm hält, hätte die SS merken müssen, was hier gespielt wird: »Du Gauner, du alter! Vor dem ganzen Dienstpersonal sag ich's dir heute, was du für ein Schandkerl bist, du Lump!« Den Schauspieler Geschonneck reitet der Teufel, als er im Adolar auch sprachlich den Hitler nachahmt. Rudolf Kalmar beschreibt es: »Anstatt ›Soldaten‹ sagte er beharrlich ›Soldatten!‹ und unterstrich bei passendem Anlaß auch noch durch hämmernde Gesten, was ihm aus der Sprachparodie allein nicht deutlich genug erschien ... Daß die SS nicht darüber stolperte, ist eine der schwer zu erklärenden Seltsamkeiten dieses abenteuerlichen Regimes... Man muß es im Rahmen des Ganzen betrachten, um zu vermeiden, daß sich aus einer komischen Zufallsperspektive das Bild der grausamen Wirklichkeit verwischt.«

Das Bild der Wirklichkeit des Konzentrationslagers hat sich für Erwin Geschonneck nie verwischen können. Als Blockältester erlebt er alles mit, was den Häftlingen Schlimmes geschehen kann. Aber er beugt sich nicht.

In Dachau hat er den Befehl der SS verweigert, einen Mithäftling aufzuhängen – auch als sie ihm mit dem Tode drohen. Bei der Strafverlegung nach Neuengamme wird er vom Lagerführer Thumann zusammengeschlagen, dem »Henker von Majdanek«. Wieder erlebt er die Solidarität der Lagergenossen, die ihm helfen, denen er hilft. Er übersteht die letzten Monate vor der Evakuierung. Auf der »Cap Arcona« wird er Kopf des illegalen Häftlingskomitees. Nun liegt er hier auf dem gekenterten Schiff. Emigration, Lager, kommt nun der Tod?

Viel später schreibt Erwin Geschonneck in seinen Lebenserinnerungen: »Ich war in all den Jahren unterwegs mit einer unbeschreiblichen Sehnsucht nach der Heimat im Herzen. Wir hatten das Bewußtsein, wenn wir wieder zu unserer Heimat, zu einem wirklichen Vaterland finden wollten, mußten erst die Faschisten geschlagen werden.«

Die Nazis denken schon an den nächsten Krieg

Während Erwin Geschonneck über sein Leben nachdenkt und über sein Land, erklärt in Häcklingen bei Lüneburg der Generaladmiral von Friedeburg die Kapitulation aller deutschen Streitkräfte im Norden und Westen. Der formelle Kapitulationsvertrag soll am nächsten Tag unterschrieben werden.

Zur selben Zeit sinniert ein anderer Deutscher, der Generaloberst Alfred Jodl, über seine Arbeit und sein Leben. Er war der Berater Hitlers in allen strategischen und operativen Fragen gewesen, vom Überfall auf Polen bis zum Einmarsch in die Sowjetunion. Seine Gedanken beschäftigen sich nicht mit den vielen Millionen Toten, die seine Militärstrategie gefordert hat. Er überlegt, wie man die Alliierten gegeneinander ausspielen kann. Vieles von seinen kriminellen Gedanken taucht ein paar Jahre später, als Jodl schon hingerichtet ist, in der Nachkriegspolitik des Kanzlers Konrad Adenauer auf: »Kommende Möglichkeiten der Orientierung, basierend auf Gegensatz zwischen Ost und West... Bei alledem ergibt sich auf jeden Fall, daß Deutschland schon jetzt, mitten im Stadium seiner totalen Niederlage, bereits wieder ein europäischer Faktor geworden ist... Es wird der Moment kommen, wo wir Russen gegen Angloamerikaner ausspielen werden... Wichtig: Nicht Engländer im Prinzip verärgern.«

Das alles spinnt sich schon an, als die 350 letzten Überlebenden auf der gekenterten »Cap Arcona« noch immer nicht wissen, ob sie mit dem Leben davonkommen.

Da, es ist schon ganz dunkel geworden, sieht Erwin Geschonneck schemenhaft Boote: »Zwei Motorschiffe kommen von Neustadt und nehmen uns auf. Die Küste ist in der Hand der Engländer.«

Und Heinrich Mehringer schildert: »Es war der Seeschlepper ›Neustadt‹, der am Vorschiff des Riesenleibes anlegte. Dort war das Anlegen am günstigsten. Wir 85 befanden uns aber achtern und mußten auf dem heißen Wrack nach vorn laufen. Der Boden war so heiß, daß wir Brett vor Brett legen mußten, wobei das letzte Brett vor das erste gelegt wurde, damit wir darüberlaufen konnten. Jeder half mit, und nach und nach wurde auch der Schwächste übernommen. Nach einer halben Stunde Fahrt legte der Schlepper an der Brücke in Neustadt an. Am Pier waren englische Panzer aufgefahren. Nacheinander gingen wir im Gänsemarsch mit ziemlich weichen Knien an Land. Jetzt, wo wir festen Boden unter uns hatten, waren wir endlich frei.

Zwei Tommies kamen auf mich zu und drückten mir die Hände. Ich verstand kein Wort, aber ich fühlte, daß uns diese Menschen wohlgesinnt waren. Auf einmal war ich allein. Ich muß immer geradeaus gegangen sein. Es war wie ein Taumel. Immer gehen. Auf einmal fror ich, denn meine Kleider waren noch immer naß. Die Häuser waren verdunkelt. Ich ging weiter im Dunkeln, bis ich Licht schimmern sah. Ich suchte die

Glocke und konnte sehen, daß aus einigen Häusern die Leute kamen. Ich bat um heißes Wasser oder, wenn es möglich sein könnte, um Tee. Ich sagte auch, daß ich von der ›Cap Arcona‹ komme und fragte, ob ich mich etwas aufwärmen könne, denn meine Kleider seien noch naß. Aber kein Mensch in Neustadt hatte Erbarmen. Als ich das letzte Mal an einer Tür klingelte, hatte ich Glück. Eine Frau sagte mir, daß alle Überlebenden der ›Cap Arcona‹ in der U-Boot-Schule aufgenommen werden. Sie zeigte mir auch den Weg dahin. Es war nicht mehr sehr weit.

Als ich am Tor der Kaserne ankam, stand schon ein Engländer als Posten davor. Ich sagte nur ›Cap Arcona‹, und das war ein Zauberwort für ihn. Er wurde sehr freundlich und zeigte mir den Weg. Verstanden habe ich ihn nicht.

Die Kaserne war verdunkelt. Niemand glaubte, daß der Krieg zu Ende sei. Ich ging gerade in mein Glück. Es war der Raum des Furiers, der die Wäsche und die Decken unter sich hatte. Befreit, aber matt und hungrig, mit nassen Kleidern und einer Höllenangst, jetzt erst könnte ich krank werden, machte ich mir ein dickes Lager aus Decken zurecht und schlüpfte in mein herrliches Bett.«

Halt ihn fest, vielleicht lebt er noch

Es gibt in Neustadt und in Pelzerhaken nicht nur Menschen, die ihre Türen und Fenster vor dem Elend der überlebenden Häftlinge verschließen. Es gibt auch Helfer.

Viele haben das wahnsinnige Schreien der verbrennenden Gefangenen sogar an Land gehört, fünf Kilometer entfernt. »Meine Frau hat das heute noch im Ohr«, berichtet Fritz Hallerstede. Er sieht vom Fenster seines Hauses aus die Katastrophe, hört die Angriffe, hört das Schreien. Sie sehen auch, wie die wenigen Überlebenden im Wasser um jeden Balken kämpfen, und wie es immer weniger werden.

Dann wird die See unruhiger, und da entdeckt er ein kleines Rettungsfloß mit einer Menge Menschen darauf, das nahe am Kentern ist. Hallerstede ruft seinen Schwager Hans Fröhlich: »Komm, da müssen wir raus, die saufen ja ab.«

Sie laufen zum Strand und machen dort ein Dingi flott, ein kleines Boot. Es gehört dem Hausbesitzer. Durch die kabbelige See kämpfen sie sich bis zu dem Rettungsfloß vor. Sie befestigen eine Leine und nehmen es in Schlepp. Siebzehn Menschen sind darauf. Einer hängt draußen im Wasser. Er kann sich nur noch mühsam festhalten und läßt gerade das Rettungsfloß los. Er hat eine Schwimmweste um, aber das Wasser geht ihm schon über seinen Kopf hinweg.

»Halt den trotzdem fest«, ruft Fritz Hallerstede einem der Häftlinge zu, und der hält ihn fest.

Nicht weit vom Ufer liegt ein gestrandetes U-Boot. Als sie daran vorbeikommen, rauscht ein englisches Kampfflugzeug über sie hinweg und schießt aus allen Rohren. Sie sehen die kleinen Fontänen der Einschläge an sich vorbeiwandern auf das U-Boot zu. »Das hätte uns alle fast noch das Leben gekostet«, erinnert sich Fritz Hallerstede. »Am Ufer mußten wir einige der Überlebenden stützen und fast tragen. Kraft hatten sie überhaupt nicht mehr.«

Den leblosen Mann mit der Schwimmweste legen sie am Ufer auf die Seite und machen Wiederbelebungsversuche. Nach einiger Zeit beginnt er zu atmen und wird gerettet.

Die Häftlinge schreiben ihren Lebensrettern Zettel in englischer und in russischer Sprache: »Die Deutschen Fritz Hallerstede und Hans Fröhlich retteten unter Lebensgefahr siebzehn Konzentrationslager-Gefangene von den Schiffen ›Cap Arcona‹ und ›Thielbek‹ nach der Versenkung dieser Schiffe am 3. Mai 1945. Wir bitten, ihnen keine Schwierigkeiten zu bereiten. Sie sind keine Nazis.«

Darunter stehen die Unterschriften der Geretteten.

Muppel, bist du das?

Früh am Morgen des 4. Mai 1945 geht Eva Neurath die Straße aus Pelzerhaken Richtung Neustadt. Ihr Mann Willi Neurath ist 1938 in Köln als Kommunist verhaftet worden. Zuletzt hat sie im Oktober 1944 eine Postkarte von ihm aus dem Konzentrationslager Buchenwald bekommen: »Es geht mir gut.« Wo er dann geblieben ist, weiß sie nicht.

Vor der heranrückenden Roten Armee wird sie aus Memel evakuiert. Schließlich kommt sie in einer Flüchtlingsbaracke am Rande von Neustadt unter. Tagelang hat sie die Schiffe in der Neustädter Bucht liegen sehen.

Der Ortspolizist, Wachtmeister Pilartzky, hat überall herumerzählt, die »Cap Arcona« solle in die Luft gesprengt werden, denn »da sind lauter Verbrecher drauf.« Sie hat sofort gewußt, daß es KZ-Gefangene sind.

Am 3. Mai sieht sie vom Ufer aus die brennende »Cap Arcona«. Nun will sie in die Stadt. Vielleicht weiß einer der Überlebenden etwas von Willi Neurath. Am Ortseingang von Neustadt kommt ihr ein Mann entgegen. Sein Gesicht ist schwarz. Er hat überall Wunden. Seine Hose hat Brandflecken. Der Mann geht langsam auf sie zu. Dann bleibt er vor ihr stehen und sieht sie an: »Muppel, bist du das?«

Es ist ihr Mann.

Das Sterben geht weiter

Heinrich Mehringer wacht in seinem Wolldeckenbett aus einem tiefen Schlaf auf. »Hatte ich Fieber? Nein, ich war ganz gesund, und so machte ich meine ersten Erkundungsgänge: Wie viele meiner Kameraden hatten ihr Leben gerettet? Und wie viele mußten in den letzten Stunden ihr Leben hingeben?«

Das Meer hat über Nacht den Strand von Neustadt mit Leichen überschwemmt. Auch in Timmendorf und Scharbeutz, in Haffkrug und in Pelzerhaken liegen die aufgedunsenen Toten an den Ufern. Nackt oder in ihren gestreiften Häftlingskleidern. Jeden weiteren Tag bringt das Meer neue Menschenleiber. Auch auf der anderen Seite der Lübecker Bucht treiben die Toten an. In Schwansee und Warnkenhagen, in Redewisch und sogar auf der Insel Poel. Viele werden gleich verscharrt, ohne daß ihnen jemand die Häftlingsnummer von der blau-weißen Jacke trennt. Niemand kann bis heute genau sagen, wie viele an diesem 3. Mai 1945 in der Neustädter Bucht ertrunken, verbrannt und erschossen worden sind.

Und noch immer geht das Sterben weiter. »Die Engländer fütterten uns in ihrem Mitleid so gut, daß noch etwa achtzig Menschen ihr Leben lassen mußten, so ausgeplündert und ausgehungert waren sie«, schildert Heinrich Mehringer. »Sie vertrugen die normale Kost nicht und starben an dieser Wohltat. Fast noch schlimmer als der Untergang des Schiffes war dieses Hinsterben der Überlebenden. In der Kaserne wurde ein polnisches Krankenhaus eingerichtet. Täglich wurden Kranke in das große Krankenhaus mit den englischen Sanitätswagen gebracht, um dort geröntgt zu werden. Aber die meisten waren am Ende. Die Jahre der Haft ließen sich nicht mit der besten Pflege korrigieren.

Ich selbst wurde vom englischen Kommandanten bestimmt, alle überlebenden Häftlinge zu erfassen, damit eine geregelte Verpflegung erfolgen könne. Zwar war ich selbst noch nicht so recht auf den Beinen, aber ich regelte so gut ich konnte als Lagerältester die Ordnung und die Verpflegung für die Überlebenden von Neuengamme.«

Das Ende ist ganz nahe

Um 9 Uhr morgens hören Peter West und Don Saunders in der Offiziersmesse in Faßberg die Nachrichten der British Broadcasting Corporation: »Tanks der 2. Britischen Armee stoßen weiter auf Kiel vor. Nach unbestätigten Berichten sollen unsere Truppen den Kiel-Kanal überschritten haben. Die Deutschen haben Kiel zur offenen Stadt erklärt, ebenso Flensburg an der dänischen Grenze. Der deutsche Wehrmachtbericht von gestern erklärte, beide Plätze werden nicht verteidigt.

Britische Truppen haben gestern Hamburg besetzt. In Nordwestdeutschland besetzten kanadische Truppen Oldenburg. Kanadische und polnische Einheiten in diesem Gebiet trafen auf Widerstand, als sie in Richtung Emden vorrückten, aber in den übrigen Gebieten von Montgomerys Front gibt es nur noch wenige Kämpfe. BBC-Korrespondent Chester Willmot erklärte in der letzten Nacht, daß seiner Meinung nach das Ende der Kämpfe an der Front der 2. Britischen Armee ganz nahe sei.

Britische und amerikanische Truppen sind an verschiedenen Punkten auf einer 70-Meilen-Linie zwischen der Elbe und der Ostsee mit den Russen zusammengetroffen. 200 000 Soldaten und die Kommandeure von zwei deutschen Armeen wurden nahe der Ostseeküste gefangengenommen. Die Russen haben mehr als 134 000 Gefangene in Berlin gemacht.«

Kein Wort von den Angriffen auf die Schiffe. Kein Wort über die Verluste. Kein Wort über den entsetzlichen Irrtum. Auch Peter West und Don Saunders wissen nichts von ihm. Für sie beginnt an diesem 4. Mai 1945 der letzte Einsatz des Krieges.

Rasieren auf Kredit

An diesem Tage wird Neustadt von Elendsgestalten überschwemmt. Krank, verhungert, nackt gehen sie durch die Straßen. Einige betteln. Andere nehmen sich, was sie brauchen. Die meisten Kaufleute von Neustadt sehen das mit Angst.

Bogdan Suchowiak geht an diesem Morgen mit einem umgebundenen Stück Segeltuch in die Stadt: »Die Läden sind geöffnet. Ich betrete ein Friseurgeschäft und bitte, mich auf Kredit zu rasieren. Der alte Friseur beschaut mit Verwunderung meinen Aufzug. Aber ohne ein Wort zu sagen, rasiert er mich sehr sauber und kämmt meine kaum nachgewachsenen Haare. Dann gehe ich zu einem Warenhaus. In der vergangenen Nacht sind hier Einbrüche versucht worden. Zehntausend halbverhungerte Menschen halten sich ja in Neustadt auf. Am Morgen haben die Engländer zwei Posten vor das Geschäft gestellt. Ich frage einen von ihnen, wo ich mich einkleiden kann. ›Sind Sie ein Engländer?‹ fragt er mich. ›Nein, kein Engländer, ein Pole.‹ ›Warum sind Sie so komisch angezogen?‹ ›Ich habe mich aus dem versenkten Schiff gerettet.‹ ›Sie können nicht so rumlaufen, ich werde Ihnen alles besorgen.‹

Und schon ruft er den Kunden im Laden zu: ›Get out!‹ Der Ladenbesitzer gibt mir Wäsche, eine Krawatte, einen sehr gut passenden Anzug, Socken und Schuhe. Ich erhalte außerdem von dem englischen Soldaten fünfzig Zigaretten und den Rat, mich zur Militärregierung zu begeben, weil da dringend englischsprechende Leute gesucht werden. Ich danke ihm, will aber zuerst nach meinen Freunden suchen. Nur einige wenige Kameraden treffe ich. Ich begreife langsam das ganze Ausmaß der Tragödie. Mit den Überlebenden beschließen wir, systematisch die Geretteten und die Ertrunkenen zu registrieren.«

Die Engländer setzen eine Militärregierung in Neustadt ein. An ihrer Spitze steht der Major Quail. Heinrich Mehringer wird in der U-Boot-Kaserne zum deutschen Lagerältesten ernannt, Bogdan Suchowiak zum Chef der polnischen Verwaltung des Kreises Neustadt, Wassilij Bukrejew zum Leiter der sowjetischen Gruppe. Ihre erste Aufgabe ist es, eine Liste der Geretteten und der Toten aufzustellen.

Das ist schwer. Unablässig werden neue Leichen angespült. In jeder Stunde sterben entkräftete Gefangene im Krankenhaus und in den Notlazaretten. Und viele Gerettete verschwinden einfach. Sie wollen sich nach Hause durchschlagen.

Schließlich kommt folgendes Ergebnis heraus:

Am Morgen des 3. Mai 1945 sind auf der »Athen« 1998 KZ-Gefangene. Als die Typhoons ihren ersten Angriff fliegen, springen die Gefangenen an Land und werden dabei von der SS-Wache nicht mehr behindert. So können alle gerettet werden, auch die SS-Leute und die Besatzung mit dem schwerverletzten Flaksoldaten Karl Meier.

Auf der »Thielbek« sind 2 800 KZ-Gefangene. Nur 50 von ihnen kommen lebend ans Ufer. Auch fast alle SS-Bewacher und die Marineinfanteristen sind tot. Ebenso die meisten Besatzungsangehörigen, darunter der Kapitän John Jacobsen, der 1. Offizier Andresen, der Schiffsingenieur Lau. Gerettet werden der 2. Offizier Walter Felgner, der 3. Offizier Schotmann und drei Matrosen.

Auf der »Cap Arcona« sind ungefähr 4 500 Gefangene. 350 werden gerettet. Von den 600 Bewachern, SS-Leuten und Marineinfanteristen, den 24 SS-»Maiden« und den 70 Mann Besatzung werden ungefähr 490 gerettet, darunter der Kapitän Bertram und der 2. Offizier Dommenget.

Von den Gefangenen der Stutthof-Kähne werden ungefähr 400 ermordet.

Am 3. Mai 1945 haben in Neustadt 7700 Menschen ihr Leben verloren.

Der Krieg ist heute noch nicht zu Ende

Im Hauptquartier des Großadmirals Dönitz in Mürwik bei Flensburg empfängt der neue Regierungschef nach dem Frühstück den Generaladmiral von Friedeburg. Er berichtet über das Zusammentreffen mit Feldmarschall Montgomery. Der Admiral hat den Engländer gebeten, die deutschen Soldaten in englische Gefangenschaft zu nehmen, damit sie nicht von den Sowjets gefangengenommen werden. Montgomery habe ihm zugesichert, daß Soldaten, die vor der Roten Armee flüchten und »wünschen, sich zu ergeben, zu Kriegsgefangenen gemacht« werden. »Gesprächsweise versicherte er außerdem, daß deutsche Kriegsgefangene von ihm nicht an Rußland ausgeliefert werden.«[15]

Dönitz entscheidet, der Waffenstillstand mit Montgomery soll sofort unterschrieben werden, der Krieg gegen die Russen soll weitergeführt werden.

»Der Krieg ist heute noch nicht zu Ende«, erklärt der Großadmiral. Sein Generalfeldmarschall Keitel gibt einen letzten Befehl heraus: »Im Osten geht der Kampf weiter, um möglichst viele deutsche Menschen vor der Bolschewisierung und Versklavung zu retten.«[16]

Zum ersten Mal wird im Hauptquartier von Hitlers Nachfolger das Wort gebraucht, das von nun an Leitlinie der Politik in Westdeutschland werden wird: »Westorientierung«. In den Aufzeichnungen des Adjutanten Lüdde-Neurath steht unter dem Datum des 4. Mai 1945, 09.00 Uhr in den infantilen Ausdrücken des Generalstäblers: »Im Verfolg der eingeschlagenen politi-

---

15 Walter Lüdde-Neurath, *Regierung Dönitz*, Druffel-Verlag Leoni 1981

16 Percy Ernst Schramm, *Kriegstagebuch des Oberkommandos der Wehrmacht*, Band 8

schen Linie der Westorientierung erläßt Großadmiral ohne Feinddruck Befehl

1. U-Boot-Krieg einstellen. U-Boote materiell ausschlachten. Öl für Flüchtlingstransporte und Wirtschaft.

2. Zwischenfälle in Norwegen unter allen Umständen vermeiden.

3. Freilassung belgischen Königs.«[17]

Das Ende des mörderischen deutschen U-Boot-Krieges schmückt Dönitz mit einem »Tagesbefehl«:

»Meine U-Boots-Männer! Sechs Jahre U-Boot-Krieg liegen hinter uns. Ihr habt gekämpft wie die Löwen ... Ungebrochen und makellos legt Ihr nach einem Heldenkampf ohnegleichen die Waffen nieder... Bewahrt Euch Euren U-Boots-Geist auch in Zukunft zum Besten unseres Vaterlands. Es lebe Großdeutschland! Euer Großadmiral.«[18]

Zum Waffenniederlegen haben von den ehemals 39000 U-Boots-Männern nur noch 7000 die Möglichkeit. 32000 »seiner« Männer leben nicht mehr. Sie sind von »ihrem« Großadmiral in den Tod geschickt worden. Manche von den wenigen, die das Massaker überlebt haben, halten nach dem Krieg »ihrem« Großadmiral die Treue. Organisieren sich in Traditionsverbänden und demonstrieren den künftigen Generationen, wie schwer es ist, aus der Geschichte zu lernen.

Bis zum letzten Kriegstag hat Dönitz, der sich nach seinen eigenen Worten gegenüber Hitler »wie ein Würstchen« vorkam, zum Sterben für die Nazis aufgerufen. Noch Anfang April 1945 befielt er seinen Stabsmitarbeitern: »Es bedarf für Sie keiner Erklärung, daß in unserer Lage Kapitulation Selbstmord ist, den sicheren Tod bedeutet; daß Kapitulation das Sterben, die schnellere oder langsamere Vernichtung von Millionen deutscher Menschen bringen würde und daß, verglichen damit, der Blutzoll auch des härtesten Kriegsgeschehens nur gering ist.«[19]

Den Blutzoll vergrößert Dönitz persönlich an diesem 4. Mai 1945 um fünf weitere Menschenleben. In seiner »Tagesnieder-

---

17 Steinert, *Die 23 Tage der Regierung Dönitz*, Düsseldorf-Wien 1967

18 Walter Lüdde-Neurath, *Regierung Dönitz*, Druffel-Verlag Leoni 1981

19 Walter Lüdde-Neurath, *Regierung Dönitz*, Druffel-Verlag Leoni 1981

schrift« steht: »Masch.OGefr. Käufer, Winkler und Breesk zum Tode verurteilt. Soldaten haben Feindsender abgehört, am 1. Mai Kriegsende für den 5. 5. vorausgesagt . . .Matr. Novack z. Td. verurteilt.«

Nachmittags werden ihm die Strafakten des Maschinenassistenten Arthur W. vorgelegt. Der Mann hatte vor anderen Marinesoldaten über Hitler gesagt, er sei ein »Spinner« und: »Ihm haben wir diesen Krieg zu verdanken, er hat diesen Krieg gewollt.«

Ein Marinegericht hat ihn dafür zu zehn Jahren Zuchthaus verurteilt. Dönitz ist diese Strafe zu milde. Nachdem er gerade die Einstellung aller Kampfhandlungen befohlen hat, ordnet er ohne neue Gerichtsverhandlung die Umwandlung der Zuchthausstrafe in die Hinrichtung an. Er läßt den Maschinenassistenten noch am selben Tage erschießen.[20]

Du bist ein verfluchter Nazi

Am Vormittag dieses 4. Mai 1945 zieht sich der Standortpfarrer von Neustadt, Theologieprofessor Martin Redeker, seinen schwarzen Dienstrock an und hängt sich ein goldenes Kreuz um. Er will für seine gefangenen Kameraden bei den Engländern um gut Wetter bitten. Zusammen mit einem Marinearzt geht er zum englischen Standortkommandanten. Major Quail empfängt ihn mit den Worten: »Du bist ein verfluchter Nazi.« Er bietet ihm eine Tracht Prügel an.

Redeker glaubt, die Engländer seien schlecht informiert. »Dadurch entstand bei den einrückenden englischen Truppen der Eindruck, daß in Neustadt ähnliche Verbrechen an Menschen begangen worden seien wie in Belsen. Der englische Panzerkommandant ordnete an, daß sämtliche deutschen Lazarette, in denen sich damals zirka dreitausend Schwerverwundete be-

---

20 Acht Tage später, als es längst das Dritte Reich nicht mehr gibt, läßt er in die »Tagesniederschrift« vom 12. 5. 1945 eintragen: »In einzelnen Orten sind durch Feindangehörige Entfernungen oder Verunstaltungen von Führerbildern vorgekommen. Frage ob vorbeugend entfernen wird vom Großadmiral abgelehnt.«

fanden, geräumt würden, um die verwundeten Häftlinge und zu gleicher Zeit auch diejenigen Schiffbrüchigen, die sich inzwischen von der brennenden ›Cap Arcona‹ an Land gerettet hatten, aufzunehmen.«[21]

Die Zahl dreitausend ist ebenso übertrieben wie die Klassifizierung als »Schwerverletzte«. Im Neustädter Krankenhaus liegen hauptsächlich Leichterkrankte, während die meisten KZ-Häftlinge schwere Verbrennungen haben. Aber Major Quail nimmt seinen ersten Befehl zurück. Die Häftlinge sollen zusätzlich in die Lazarette aufgenommen, aber nicht schlechter als Wehrmachtsangehörige behandelt werden.

Auch mit seiner Intervention für die verhafteten Offiziere hat Redeker bei dem englischen Major Erfolg. Der Kapitänleutnant Ziemann hat bei den Engländern Schutz gesucht, als die Häftlinge ihm an die Gurgel wollen. Er ist für die Morde in Pelzerhaken und für den Schießbefehl auf die Schiffbrüchigen verantwortlich.

Doch er behauptet in einem Protokoll: »Ich sah, daß etwa 25 Marinesoldaten vom Deck der Schute aus in den Schiffsraum schossen. Ich habe ihnen befohlen, sofort das Feuer einzustellen.« Auch Fregattenkapitän Heinrich Schmidt, der Standortkommandant von Neustadt, wird von den Engländern nicht eingesperrt. Sie geben ihm zu seinem persönlichen Schutz einen Posten mit. In seiner »Dienstlichen Meldung« behauptet Fregattenkapitän Schmidt am 3. Juli 1945: »Nachrichten, die mir meine Frau aus Neustadt in Holstein übermitteln ließ und darüber hinaus eine Anfrage des MOK Ost über die Ereignisse pp, die zur Versenkung der ›Cap Arcona‹ und ›Deutschland‹ führten, lassen mich zu dem Schluß kommen, daß noch immer seitens der englischen örtlichen Militärbehörde in Neustadt und darüber hinaus an höherer Stelle die Auffassung besteht, die mir als früherer K'deur der 3. ULD und Wehrmachtkommandant von Neustadt mit dem Schicksal der am 3.5. zufällig in Neustadt befindlichen KZ-Häftlinge in bela-

21 Brief Redeker an den »Cap Arcona«-Häftling Rudi Goguel, zitiert in: Rudi Goguel, *Cap Arcona*, Frankfurt 1982

stende Verbindung bringen und mir an dem Tod einer Anzahl dieser KZ-Häftlinge eine schwere Schuld beimessen.

Habe am 8.5. auf eigene Initiative dem englischen Vernehmungsoffizier in Neustadt zu diesen Ereignissen klare Aussagen gemacht, insbesondere habe ich Stellung genommen zu den drei Hauptschuldmomenten:

1. Der Leiter des KZ-Lagers, dem diese KZ-Häftlinge angehörten und somit verantwortlich für den traurigen Zustand und Schicksal dieser Leute zu sein,

2. Schuld zu tragen an der Versenkung an ›Cap Arcona‹ und ›Deutschland‹, indem ich nicht veranlaßt hätte, daß diese Schiffe durch das Genfer Rote Kreuz gekennzeichnet wären und

3. verantwortlich zu sein, daß eine Reihe von KZ-Häftlingen am Morgen des 3.5. am Strand von Neustadt erschossen wurden.

Zu diesen einzelnen Punkten melde ich gehorsamst:

zu 1. Ich war K'deur der 3. ULD und Wehrmachtkommandant von Neustadt. Ein KZ-Lager und KZ-Häftlinge gab es nicht im Raume Neustadt. Von der Anwesenheit dieser KZ-Häftlinge in der Stadt Neustadt erfuhr ich am 3.5. morgens um ungefähr 08.00 Uhr durch telefonischen Anruf des Führers des Volkssturmes Dr. Käselau. Auf seine eindringliche Bitte, ihm zu helfen, sagte ich dieses, trotz größter Bedenken, da ich mit dieser Angelegenheit nichts zu tun haben wollte, zu, da ich allein noch die Mittel besaß, um diese schwierige Angelegenheit in Ordnung zu bringen. Ich ließ die Häftlinge auf den Sportplatz des Marinegeländes bringen, verpflegte sie dort und beabsichtigte, sie mit dem Dampfer ›Athen‹ zu ihrem Bestimmungsort einzuschiffen. Mir war bekannt, daß das schwedische Rote Kreuz die Schiffe zu übernehmen gedachte.

zu 2. Die in der Lübecker Bucht liegenden Schiffe ›Cap Arcona‹, ›Deutschland‹ und ›Athen‹ und noch ein 4. Schiff, dessen Namen mir unbekannt ist, waren seit 14 Tagen aus dem Dienstverhältnis der Marine herausgenommen und dem Reichskommissar für die Seeschiffahrt in Hamburg unmittelbar unterstellt. Es hat also weder die Kriegsmarine noch die dem Hafenkapt. in Neustadt übergeordnete Haka-Stelle Travemünde, noch ich als örtlicher Wehrmachtkommandant irgendeine Befehlsbefugnis.

In den Mittagsstunden des 3.5., wir waren gerade damit beschäftigt, die KZ-Häftlinge einzuschiffen, erfolgte der Fliegerangriff der Engländer, wodurch alle drei Schiffe versenkt wurden. Ungeprüften Angaben zufolge soll während des Angriffs auf die ›Cap Arcona‹ die Rote-Kreuz-Flagge gezeigt worden sein und ebenfalls die ›Deutschland‹ durch das Genfer-Rote-Kreuz gekennzeichnet gewesen sein. Noch während des Angriffs veranlaßte ich persönlich mit allen verfügbaren Booten die Rettungsaktion, die ich jedoch nicht zu Ende führen konnte, da ich nach dem Einmarsch der Engländer sofort in Haft genommen wurde.

zu 3. Zur Erschießung von KZ-Häftlingen am Neustädter Strand habe ich folgendes zu melden:

Als ich gegen 11.30 Uhr von einer Geländefahrt zurückkam, wurde mir gemeldet, daß auf dem anderen Ufer eine Schießerei auf KZ-Häftlinge im Gange wäre. Ich habe sofort den Kaptlt. Reeder meines Stabes mit 2 weiteren Offizieren beauftragt, mit allen Mitteln, selbst unter Anwendung von Gewalt diesem Wahnsinn unverzüglich ein Ende zu bereiten. Nach 10 Minuten erhielt ich die Meldung, daß kein Schuß mehr fallen würde. Nach von mir gemachten Feststellungen sind an dieser Schießerei beteiligt gewesen eine Gruppe von SS-Leuten, eine Reihe von Gendarmeriewachtmeistern der Wachmannschaft und ferner einige Marinesoldaten einer Marineeinheit aus den Baracken des Sandberger Weges von Neustadt.

Für den Schießbefehl verantwortlich ist meiner Ansicht nach der SS-Scharführer Mathiä. Die Marinetruppe unterstand mir als Kommandeur der 3. ULD nicht. Sie bestand aus ca. 10 Mann und Unteroffizier.

Eine eingehende Untersuchung über diese Vorfälle wurde von dem Major Quail, Lagerkommandant der ersten engl. Besatzung im ULD-Gelände, gemacht. Im Anschluß an diese Untersuchungen erklärte mir etwa wörtlich der Major: ›Eingehende Zeugenaussagen haben mir bewiesen, daß Sie an diesen Vorfällen, die die KZ-Häftlinge betreffen, völlig unschuldig sind, im Gegenteil, Sie haben für diese Menschen nur Gutes getan. Ich erkenne dies an, indem ich Sie aus dem Gefangenenlager entlasse und Ihnen von mir jegliche Fürsorge angedeihen lasse.‹ Der Lagerkommandant ließ meine Frau und Kinder kommen und erklärte ihnen dasselbe. Zu meinem persönlichen Schutz gab er mir einen engl. Soldaten bei, weil er glaubte, ich wäre durch die KZ-Häftlinge gefährdet. Nach Fortgang dieses Lagerkommandanten wurde das Verhältnis zu dem Nachfolger ungünstig, und ebenfalls der 3. Lagerkommandant hat meiner Frau wiederum zu verstehen gegeben, daß er letzten Endes mich für die ganzen Ereignisse, die die KZ-Häftlinge betreffen, verantwortlich macht. Als Zeugen für alle Maßnahmen und Befehle, die ich in den Krisenstunden des 2.–3.5. getroffen habe, bitte ich den Kapt. z. S. Wolf, Eckhardt, seinerzeitiger Seekdt. Mecklenburg zu befragen, der in diesen Tagen bei mir war. Ich nehme an, daß ein übler Denunziant, und zwar von deutscher Seite, diese falschen Gerüchte über mich verbreitet und damit meine Familie und mich schwer schädigt. Ich bin nicht in der Lage, meinen Verdacht, der sich an eine bestimmte Person richtet, zu beweisen und somit diese Person an den Pranger zu stellen.

Ich bitte gehorsamst, diese meine Meldung an das 8. brit. Korps weiterzuleiten mit der Bitte, daß von dieser Stelle die örtlichen engl. Stellen aufgeklärt werden und meiner Familie und mir Recht und Schutz gewährt wird.

Schmidt, Freg. Kapt.«

Die englischen Offiziere brauchten nur KZ-Häftlinge wie Heinrich Mehringer, Bogdan Suchowiak, Wassilij Bukrejew oder Erwin Geschonneck zu befragen. Sie wußten, wann die ersten Rettungsboote auftauchten, wer an Bord genommen wurde und wer nicht.

Wie falsch die »Dienstliche Meldung« des Fregattenkapitäns Schmidt war, zeigt sich an einem einzigen Satz: Obwohl er der »Wehrmachtkommandant« von Neustadt war, will er »von der Anwesenheit der KZ-Häftlinge in der Stadt« erst »am 3. 5. morgens um ungefähr 08.00 Uhr« erfahren haben – obwohl alle Einwohner von Neustadt zwei Wochen lang die Schiffe mit den Gefangenen vor Augen hatten, das tägliche Anlanden der Leichen im Hafen sahen und von der Polizei vor den »Verbrechern« auf den Schiffen gewarnt worden waren.

Ein einziger Mann kommt ins Gefängnis und bleibt dort achtzehn Monate lang: Heinrich Bertram, der Kapitän der »Cap Arcona«. Seine Frau Carla sagt später aus: »Mein Mann hat mir gegenüber nie ein Wort über die Ereignisse am 3. 5. 45 in Neustadt erwähnt, um mich nicht aufzuregen.«

Nach dem Kriege wird der Marinepfarrer Redeker CDU-Abgeordneter und veröffentlicht in einem Zeitungsbericht seine Sicht dieser Ereignisse: Die KZ-Häftlinge, die am Strand von Pelzerhaken erschossen wurden, seien »meist ostjüdische Gefangene« gewesen. »Deutsche Polizei« habe dafür gesorgt, »daß die Erschießungen eingestellt, die Gefangenen zur U-Boot-Schule gebracht und dort von der Marine verpflegt wurden«. Die KZ-Schiffe hätten »die weiße Fahne oder Rote-Kreuz-Flaggen« geführt. Und: »Die einzige wirksame Hilfe kam von vier Motorbooten der Kriegsmarine.«

Sich selbst sieht der Geistliche als tragischen Helden: »Das Massensterben der Gefangenen hatte für die Stadt Neustadt und ihre Umgebung ein erschütterndes Nachspiel. Die englischen Landtruppen sahen nur die vielen Opfer der Katastrophe und wurden von den befreiten Häftlingen mit Anklagen gegen die Deutschen überschüttet ... Am unerbittlichsten war ein britischer Korvettenkapitän. Er wollte den deutschen Arzt und den Geistlichen in der Nähe des Güterschuppens als Vergeltungsmaßnahme standrechtlich erschießen lassen. Seine Absicht wurde nur durch das energische Eintreten eines belgischen Häftlings verhindert. So konnten die schlimmsten Folgen der Katastrophe abgewendet werden ... ›Cap Arcona‹ wurde ein Name für die Dämonien eines gnadenlosen Vernichtungskrieges. Möge er aber auch daran mahnen, daß der verantwortungsbewußte Dienst der Nächstenliebe im Chaos den Beweis erbringen kann, daß es eine Macht gibt, die stärker ist als die Dämonen des Krieges.«

Eine Salve für die Toten

Um 18 Uhr 30 unterschreiben an diesem 4. Mai 1945 die deutschen Offiziere Friedeburg, Kinzel, Wagner, Poleck und Friedel in Häcklingen bei Lüneburg die Kapitulationsurkunde. Dann setzt Feldmarschall Bernard L. Montgomery seine Unterschrift unter das »Instrument of Surrender«. Es besteht aus einem Blatt: »Das Oberkommando der deutschen Wehrmacht erklärt sich einverstanden mit der Übergabe sämtlicher deutscher Streitkräfte in Holland, in Nordwestdeutschland einschl. der Fries. Inseln und Helgoland und allen anderen Inseln in Schleswig-Holstein und in Dänemark an den Oberbefehlshaber der 21. Heeresgruppe. Dieses schließt alle Schiffe in diesen Zonen ein ... Alle Kampfhandlungen auf dem Lande, zur See und in der Luft durch deutsche Streitkräfte in den vorgenannten Gebieten sind um 08.00 Uhr vormittags doppelte britische Sommerzeit am Sonnabend, den 5. Mai 1945, einzustellen.«[22]

Kaum ist das Abkommen unterzeichnet, wird es von Dönitz gebrochen. Er hält die Verpflichtung zur Übergabe der Schiffe an die Engländer nicht ein. Um 13 Uhr treffen sich in seinem Hauptquartier der SS-Führer Heinrich Himmler, die Generäle Keitel und Jodl, der Gauleiter Wegner und ein paar Marineoffiziere. Dönitz gibt seiner »Seekriegsleitung« den Befehl, alle transportfähigen Schiffe nach dem Osten zu schicken. Sie sollen Soldaten und Zivilisten aus dem letzten noch von der Wehrmacht gehaltenen Hafen, Hela bei Danzig, abholen und in den Westen bringen. Die Adenauer-Regierung und ihre Nachfolger stilisieren dies später zur »Rettung vor dem Bolschewismus«. Die 19152 Menschen, die dabei ihr Leben verlieren, werden nicht erwähnt.

In Neustadt trägt auch an diesem Morgen das Meer wieder viele hundert Leichen auf den Strand. Alle Toten werden in Massengräbern am Strand beerdigt. Die Friedhöfe sind für sie gesperrt.

---

22 Die doppelte britische Sommerzeit entspricht der einfachen deutschen Sommerzeit, nach beiden Rechnungen also 8 Uhr

Jahre später spült die Ostsee die Überreste dieser Menschen wieder frei.

Den Toten zu Ehren beschließt das internationale Häftlingskomitee einen Trauerzug. Er führt über den Strandweg von Neustadt nach Pelzerhaken. Dort, wo Bogdan Suchowiak das Ufer erreicht hatte, ist das größte Massengrab ausgehoben worden. Am 7. Mai 1945 zieht ein langer, schweigender Zug am Meer entlang, das schon wieder viele Leichen ans Ufer gespült hat.

Der sowjetische Offizier Aleksander Machnew schreibt darüber: »Auf dem Feldweg, entlang dem Ufer der Bucht, kamen die Menschen zu dem vorgesehenen Platz: viele Russen, Franzosen, Tschechen, Polen, Italiener und russische Mädchen.[23] Wir gingen weiter, den Wald entlang. Eine Halbinsel ragte gleich einem Erdbatzen aus dem Wasser. Hier lagen wahllos die vom Wasser angeschwemmten Leichen. Am Waldrand war ein großes Massengrab ausgehoben. Man begann mit der Bestattung. Lange lief ich von Leiche zu Leiche und betrachtete die schwarzen, aufgedunsenen Gesichter. Ich hoffte, unter den Toten meinen Freund Wasja zu finden. Ich fand ihn nicht. Sicher trieb er noch irgendwo auf dem Meeresgrund. So gut wir konnten, bauten wir aus Steinen ein Ehrenmal, auf das wir in großen schwarzen Buchstaben schrieben: ›Ewiges Gedenken den Gefangenen des Konzentrationslagers Neuengamme. Sie verunglückten beim Untergang der Cap Arcona am 3. Mai 1945‹.«

Ein norwegischer KZ-Häftling hält die Gedenkrede. Dann feuert ein Zug britischer Soldaten unter dem Kommando von Captain Pratt die Ehrensalve über das offene Grab. Viele Menschen weinen, auch viele aus Neustadt.

Am nächsten Tag jubeln sie: Es ist Frieden! Wildfremde Menschen fallen sich in die Arme. Auf dem Marktplatz beginnt ein Fest. Es wird getrunken, es wird sogar getanzt. Auch Deutsche sind dabei. Plötzlich gibt es zu essen. Es ist wie eine Welt-

---

23 Weibliche Gefangene aus dem KZ Stutthof und zwangsdeportierte »Ostarbeiterinnen« aus der Ukraine, die auf holsteinischen Gütern arbeiten mußten

verbrüderung, während überall sonst in den deutschen Städten die lähmende Stille herrscht.

Zofia Pracka findet ihre Brüder nicht

Ein paar Tage nach dieser Friedensfeier in Neustadt kommt Zofia Pracka hierher. Von Plön ist sie nach Haffkrug geschickt worden. Dort sammeln die Engländer alle »verschleppten Personen« in einem großen »Displaced Persons Assembly Camp« (Sammellager für verschleppte Personen). Haffkrug liegt ein paar Kilometer südlich von Neustadt. Als sie das erstemal an den Strand geht, sieht sie dort Leichen liegen. Manche haben ein aufgenähtes rotes »P« auf den gestreiften Jacken. Sie sind Polen. Zofia hört von dem Angriff auf die Schiffe. Bei gutem Wetter sieht sie weit draußen das Wrack der »Cap Arcona«.

Sie fährt nach Neustadt. Lange sucht sie. Ihre Brüder findet sie nicht. Aber sie findet einen polnischen Arzt, Dr. Janusz Okla, der hat ihre beiden Brüder vor dem Angriff auf der »Cap Arcona« gesehen. Ein anderer, Dr. Tadeusz Kowalski, war mit den Brüdern noch auf dem brennenden Deck zusammen. Und dann ein dritter, Gerard Pisarski, der als Pfleger im Krankenrevier von Neuengamme gewesen war. Der ist ungefähr zur gleichen Zeit wie die beiden Brüder Pracki ins Wasser gesprungen. Eine Zeitlang hat er sie noch gesehen. Aber er kann nicht schwimmen, und während ein deutscher Kamerad ihm zeigt, wie man Schwimmzüge macht, verliert er die Prackis aus den Augen. Während der zwanzigjährige Gerard Pisarski den ersten Schwimmunterricht seines Lebens bekommt und so dem Tode entgeht, müssen die beiden Brüder Stanislaw und Tadeusz Pracki, 20 und 22 Jahre alt, untergegangen sein. Gerard Pisarski hat sie nicht mehr gesehen. Auch nicht später in der U-Boot-Schule.

Zofia Pracka sucht weiter. Sie fragt Hunderte. Jeden Tag geht sie zu den Stränden, dreht angeschwemmte Leichen um, sucht ihre Brüder. Vergebens.

Die geretteten Polen von Neustadt nehmen sie wie eine Schwester in ihren Kreis. Ein ganzes Jahr bleibt sie hier. Am

◂ *5. Oktober 1939: Lugan Pracki aus dem Dorf Józefin im Gebiet Rawa Mazowiecka stirbt, vollständig ausgehungert, nachdem er gegen die Deutschen gekämpft und sich nach der Eroberung von Warschau einen Monat lang in einem Keller versteckt hat, ohne Essen und Trinken*

5. Juni 1943: Seine Frau Cecylia Pracka kämpft nach seinem Tod in der Untergrundorganisation, versteckt Juden und Partisanen, wird verhaftet, gefoltert, in Auschwitz ermordet ▸

◂ *3. Mai 1945: Der Sohn Tadeusz Pracki kämpft ebenfalls im Untergrund, wird nach der Verhaftung ins KZ Neuengamme transportiert, dann ins Außenlager Farge zum Bau des U-Boot-Bunkers »Valentin«. Die Gefangenen werden nach Neustadt evakuiert. Tadeusz ertrinkt nach der Bombardierung der »Cap Arcona«*

3. Mai 1945: Auch sein Bruder Stanislaw Pracki kämpft mit den Partisanen, kommt ebenfalls ins KZ Neuengamme und nach Farge. Auch er muß am U-Boot-Bunker »Valentin« bauen, wird ebenfalls nach Neustadt und auf die »Cap Arcona« evakuiert und ertrinkt mit seinem Bruder in der Neustädter Bucht ▸

24. Februar 1945: Das Postamt Neuenkirchen II (Weser) stempelt am 24. Februar 1945 eine Postkarte von einem KZ ins andere. Tadeusz Pracki und sein Bruder Stanislaw schreiben aus dem Arbeitslager Farge an ihre Schwester Zofia im Lager Lübberstedt: »Wir beide sind gesund, fühlen uns gut und glauben, daß wir in kürze Zeit im Józefin wiedersehen.« Die beiden Lager sind 21 Kilometer voneinander entfernt, aber die Schwester wird ihre Brüder nie wiedersehen

8. Mai 1946: Zofia Pracka fährt zurück in ihr Heimatdorf Józefin. Am 5. Februar 1943 hat sie es verlassen. Von ihrer Familie lebt niemand mehr ▶

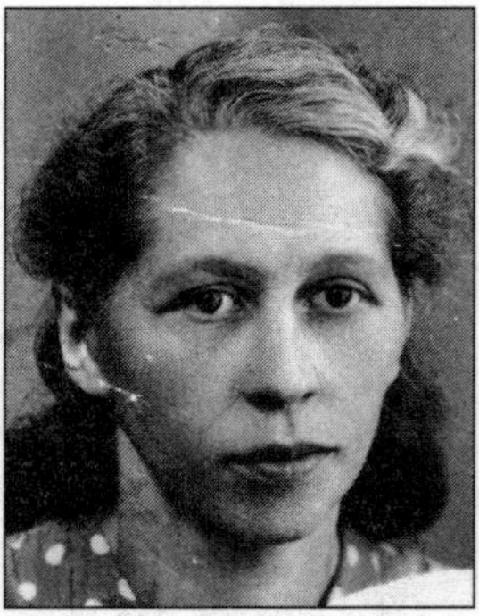

◀ Sommer 1961: Urlaub im Gebirge: Zofia Pracka (rechts) hat Pharmakologie studiert, ist Diplom-Apothekerin geworden, hat den Diplom-Ingenieur Tadeusz Raczynski (links) geheiratet und drei Töchter bekommen. Agnieszka (zweite von links) wird Umweltschutz-Ingenieurin, Barbara (dritte von links) wird Ärztin und Malgorzata (sitzend) Nahrungsmittel-Chemikerin. Haßt Zofia Pracka die Deutschen, die ihr so viel angetan haben? »Nein, nicht die Deutschen, die Faschisten.«

8. Mai 1946 fährt sie endlich nach Polen zurück. In Józefin lebte niemand mehr von ihrer Familie. Der Vater und die Mutter und die beiden Brüder sind Opfer dieses Krieges geworden. Nein, sagt sie, Opfer der Faschisten. Sie hat noch drei Onkel gehabt, Brüder ihres Vaters. Aber auch die findet sie nicht mehr. Der eine, Stanislaw Pracki, ist im Konzentrationslager Dachau verhungert. Die anderen beiden, Franciszek und Waclaw Pracki, sind 1944 zusammen mit 118 anderen Polen in Tomaszów Mazowiecki als Geiseln von den Deutschen erschossen worden.

Wie lebt eine Frau wie Zofia Pracka weiter? Sie beginnt Pharmakologie zu studieren. Sie wird Diplom-Apothekerin, heiratet den Diplom-Ingenieur Tadeusz Raczynski, bekommt drei Töchter. Barbara wird Ärztin, Agnieszka Umweltschutz-Ingenieurin und Malgorzata Nahrungsmittel-Chemikerin. Haßt Zofia Pracka die Deutschen, die ihr so viel angetan haben? »Nein, nicht die Deutschen, die Faschisten.« Zofia Pracka ist 1981 im Oktober wieder in Deutschland, in der Bundesrepublik. Sie fährt nach Neuengamme. Die letzten Briefe ihrer Brüder und ihre Fotos hat sie mitgebracht und schenkt sie der Gedenkstätte. Dann fährt sie nach Neustadt und nimmt noch einmal Abschied, 36 Jahre später.

Die Überlebenden kehren heim

Am 9. Mai kommt eine Delegation der Roten Armee nach Neustadt. Die Rückführung der Verschleppten in die Heimat beginnt.

Am 22. Dezember 1945 ist Wassilij Bukrejew wieder in Moskau. Die Regierung ernennt ihn zum »Helden der Sowjetunion«. Dreißig Jahre lang organisiert er als Kapitän die Leitung der Wolgaschiffahrt. Dann wird er pensioniert. Er arbeitet im »Komitee der Kriegsveteranen«. Ein paarmal trifft er seine Kameraden Erwin Geschonneck und Bogdan Suchowiak.

Vielen Heimkehrern geht es nicht so gut. Sie werden überprüft und verdächtigt, warum sie sich gefangennehmen ließen. Sie kommen in Lager. Manche sterben dort.

Leonid Maiski, der als 16jähriger Junge zur Zwangsarbeit nach Deutschland deportiert wird und zwei lange Jahre im KZ Neuengamme ist, ehe man ihn auf die »Thielbek« bringt, darf nach der Rückkehr nicht zu Hause bleiben, sondern wird zum dreijährigen Militärdienst eingezogen.

Ein ganzes Jahr lang bleibt der polnische Oberleutnant Bogdan Suchowiak noch in Neustadt. Er ist der Verbindungsoffizier zu den Engländern. Am 8. Mai 1946 fährt er mit einem Schiff von Lübeck nach Stettin. »Alle sind gerührt, wieder in der Heimat zu sein. Obwohl wir schon vor einem Jahr befreit wurden, fühlen wir uns erst jetzt wirklich frei. Am 11. Mai 1946 bin ich zu Hause in Posen. Meine Großmutter ist 92 Jahre alt und immer noch rüstig. Meine Mutter war in all den schweren Okkupationsjahren der Lichtstrahl der Familie. Und meine liebe Frau hat, wie alle Polen, im ›Warthegau‹ hart arbeiten müssen und doch die Kinder gut erzogen. Meinen Sohn habe ich das letzte Mal als fünfjähriges Kind gesehen. Jetzt ist er ein elfjähriger Sportler. Die größten Schwierigkeiten habe ich mit meiner Tochter. Sie war nicht einmal zwei Jahre alt, als ich die Familie verlassen mußte. Nun ist sie acht und erkennt mich nicht. Noch lange Zeit redet sie mich mit ›Onkel‹ an.«

Erwin Geschonneck geht nach Hamburg. Als dort die Theater wieder zu spielen beginnen, steht er auf der Bühne der »Kammerspiele«, engagiert von Ida Ehre, und spielt den Berliner Kohlenmann in *Das Abgründige in Herrn Gerstenberg*, eine kleine Rolle. Spielt Ibsen. Er spielt in der Premiere von Wolfgang Borcherts Antikriegsstück *Draußen vor der Tür.*

Aber es zieht ihn nach Berlin, in die Ostzone, zu Bert Brecht. Dort spielt er seine erste große Rolle, den Knecht Matti im *Puntila.* Er wird berühmt, bekommt Hauptrollen in vielen DEFA-Filmen, im *Biberpelz*, im *Hauptmann von Köpenick*, in *Nackt unter Wölfen, Jeder stirbt für sich allein* und *Jakob der Lügner.* In einigen Dutzend DEFA-Filmen hat dieser große Schauspieler gespielt. Nach 37 Jahren spielt er sein eigenes Leben: Das DDR-Fernsehen dreht *Der Mann von der Cap Arcona.* Der Mann ist Erwin Geschonneck. Leider ist der Film schwach. Die Rolle, die er im Leben gespielt hat, ist stärker.

Wir haben nur unseren Job getan

Martin Trevor Scott Rumbold hat 37 Jahre lang nicht gewußt, was für ein Schiff er damals versenkt hat. Don Saunders hat es auch nicht gewußt, Pierre Clostermann nicht und Johnny Baldwin nicht. Keiner der Piloten hat es gewußt, außer Peter West, und der hat geschwiegen.

Er hat es mir im Sommer 1982 erzählt, 37 Jahre nach dem Angriff auf die »Cap Arcona«.

Da ist Peter West schon fünf Jahre lang pensionierter Pilot der Royal Air Force und lebt auf seiner Farm Hill Cottage bei Torrington. Ich habe ihn durch eine Suchanzeige in der *Air Mail* gefunden, das ist die Veteranenzeitschrift der RAF. Seinen Namen kenne ich aus den Gefechtstagebüchern der 2. Taktischen Luftflotte vom 3. Mai 1945 mit den Einzelheiten des Angriffs auf die Schiffe in der Neustädter Bucht.

Ein seriöser Herr in dunkelblauem Blazer zeigt mir in seinem Bordbuch die Abschüsse von Flugzeugen und die Treffer auf Schiffen:

»Ich schoß in den ersten fünf Tagen des Mai 1945 fünf Flugzeuge ab. An den Einsatz gegen die Schiffe am 3. Mai erinnere ich mich genau. Wir hatten vorher niemals viele deutsche Schiffe gesehen. Es war unglaublich, wie viele sich jetzt auf dem Wasser bewegten. Transporter, Patrouillenboote, U-Boote. Ich kann mich an eine lange Reihe von U-Booten hintereinander erinnern, die über Wasser fuhren. Wir hatten die Flak niederzuhalten. Die Typhoons griffen das große Schiff mit Raketen an. Sie richteten einen furchtbaren Schaden an. Ich wußte damals nicht, was das für Schiffe waren und wer auf den Schiffen war. Später hörte ich dann, daß viele Menschen auf den Schiffen gewesen waren und daß viele von ihnen getötet wurden. Wie viele, weiß ich nicht mehr.

Danach machten wir einen weiteren Einsatz, Johnny Baldwin und ich. Wir flogen in das Gebiet von Schleswig und nördlich von Kiel. Zu dieser Zeit waren die meisten Schiffe verschwunden. Wir griffen einen Flugplatz nördlich von Kiel an. Sie wollten damals große Truppenverbände mit diesen ›Junkers 352‹ abtransportieren. Das waren eher Lastensegler als Flugzeuge.

Dann griffen wir den Wasserflugplatz bei Schleswig an. Ich schoß zwei ›Dornier 24‹ ab, und ich glaube, Johnny Baldwin erwischte dabei eine ›Ju 88‹. Danach beschossen wir auf eigene Faust Flakstellungen rund um den Schleswiger Flugplatz. Ich erinnere mich daran so genau, weil ich seit der Schlacht um England niemals wieder so viel Flakfeuer erlebt hatte wie rings um diesen Platz. Es war einfach unbeschreiblich. Wir flogen parallel nebeneinander her, Johnny und ich, jeder entlang einer Seite des Flugplatzes, um so zu versuchen, das Flakfeuer abzulenken. Ich verlor Johnny Baldwin aus den Augen und er mich. Ich erinnere mich, daß ich ihn über Funkspruch gefragt habe: ›Wo zum Teufel bist du hingeflogen, ich kann dich nicht sehen?‹ Die vielen Flakwolken zwischen uns nahmen uns die Sicht. Es war extrem hart für uns. Wir schossen dann noch jeder ein Flugboot auf dem Wasser ab. Ja, das war der 3. Mai und unsere Beteiligung am großen Schlag gegen die Schiffe.

Drei Tage später erfuhr ich, wer auf diesen Schiffen gewesen war. Das war so: Ich hatte am 5. Mai nördlich von Hamburg einen kleinen ›Fieseler Storch‹ abgeschossen. Aber die Leute von der Nachrichtenabteilung sagten mir, der Abschuß könne nicht anerkannt werden, weil meine Kamera nicht gearbeitet hatte und ich keine Fotos vom Abschuß vorzeigen konnte. Wir hatten in unseren Tragflächen Kameras, die mit den Bordgeschützen gekoppelt waren. Jedesmal, wenn du den Knopf ›Fire‹ drücktest, schoß auch die Kamera Fotos von dem Objekt, auf das du feuertest. Das war für die Nachrichtenleute das Beweismittel. Danach erkannten sie einen Abschuß an oder auch nicht. Entweder du brachtest ihnen die Fotos oder du brachtest ihnen den abgeschossenen Piloten mit.

Ich nahm mir einen Jeep und suchte die Abschußstelle. Das war irgendwo nordwestlich von Hamburg. Ich habe den Namen vergessen. Es war der Tag, an dem der Waffenstillstand begonnen hatte. Wir fanden die Abschußstelle, ich machte ein Foto, und wir fuhren zurück. Als ich nach Faßberg zurückgekommen war, gab es dort natürlich eine enorme Party, um den Sieg zu feiern. Da kam ein anderer Kamerad zurück, der bis nach Lübeck hinaufgefahren war. Ich weiß nicht mehr, wer es war. Der fragte mich: ›Weißt du eigentlich, daß auf einem der

Schiffe Gefangene waren und daß es gekentert ist und daß sie alle ertrunken sind?‹ Das war natürlich eine sehr traurige Nachricht an diesem Tage. Es war schrecklich, sich vorzustellen, daß Menschen, die auf uns gewartet hatten, von uns erschossen wurden. Aber wir wußten es ja nicht. Es gab keine Erkennungszeichen dafür, daß dieses Schiff irgendwelche Gefangenen transportierte, und dann wurde es natürlich von den Typhoons versenkt. Ja, jetzt erinnere ich mich: Es waren wohl einige tausend Menschen auf diesem Schiff, stimmt das? Sie sagen, siebentausend? Ich erinnere mich jedenfalls, daß es eine enorme Zahl war. Dann muß man sie ja hineingestopft haben wie die Heringe, denn es war doch kein großes Schiff. Wie groß? 27 000 Tonnen, ein Ozeanriese? Ich hätte das nicht gedacht. Es sah viel kleiner aus. Wir hörten später, das Meer sei Tag für Tag von Leichen bedeckt gewesen. Traurig, sehr traurig. Es war ein gespenstisches Versehen. Der Fehler war: Es gab nicht die geringste Kennzeichnung – und daran erinnere ich mich ganz genau –, daß diese Schiffe irgend etwas anderes als Transporter waren. Wir waren im Einsatz gegen die Schiffahrt, und also war es unser Job, Transportschiffe, Kriegsschiffe und alles auf See anzugreifen, was die Nazi-Flagge trug.«

Der Tod kommt bei der Siegesfeier

Pierre Clostermann kann sich an den Einsatz gegen die Schiffe überhaupt nicht mehr erinnern. Er, der berühmte Clostermann, das »Flieger-As«, der Sieger in 33 Luftkämpfen, der Autor des Fliegerbuches *Die große Arena*, hat den blutigsten Einsatz seines Pilotenlebens aus der Erinnerung gelöscht. Er hat ein ganzes Kapitel über den 3. Mai 1945 geschrieben und es »Die letzte Prüfung« genannt. Von der »Cap Arcona« steht darin kein Wort. Nur die Legende von der geplanten Flucht der Nazi-Führung nach Norwegen ist auch bei ihm nachzulesen: »Der große Schiffskonvoi vor Kiel, der ununterbrochene Flugzeugverkehr über den Skagerrak, der versteifte Widerstand am Boden ... Ich sinne dauernd meiner Beförderung nach und werde bei diesen Gedanken eher gehässig. Meine Lage wäre auch wirklich unerquicklich, wäre den Engländern nicht ein so offener und sportlicher Geist eigen: Denn schließlich bin ich nur Sous-Lieutenant und kommandiere dabei gradhöhere englische Offiziere, hundertzwanzig Piloten und neunhundert Mann. Ich weiß von den Bemühungen des Hauptquartiers in London, meine Lage in dieser Hinsicht zu verbessern. In Paris aber macht man sich nichts daraus. Dort ist Politik zur einzigen Sorge geworden, und man müht sich nicht sonderlich ab mit der Beförderung von Leuten, die noch weiterkämpfen. Das hindert mich allerdings nicht daran, heute meine drei Einsätze zu fliegen. Wie gerädert kehre ich zurück.«

Drei Einsätze ist er geflogen, aber wohin? Pierre Clostermann weiß es nicht mehr. Er schreibt mir am 16. September 1982: »Ich denke in der Tat – doch mein Gedächtnis mag mich täuschen –, daß die Tempests vom 122. Geschwader, die niemals Bomben oder Raketen mit sich geführt haben, nicht an den Einsätzen gegen die ›Cap Arcona‹ oder die ›Thielbek‹ teilgenommen haben. Ich hätte mich aus gutem Grund daran erinnert, weil ich im Jahre 1938 auf der ›Cap Arcona‹ zwischen Europa und Rio de Janeiro gefahren bin. Offen gestanden weiß ich überhaupt nichts über diese Tragödie, eine der vielen des Zweiten Weltkriegs.«

Aber in dem »Wing Intelligence Bulletin« Nummer 300 des 122. Geschwaders in Faßberg vom 4. Mai 1945 steht: »Die erfolgreichen Piloten, die auf Hunnen in der Luft trafen, waren Leutnant Hughes, Leutnant Longley und Wing Officer Saunders. Gruppen, geführt von Leutnant Hughes und Leutnant Clostermann, beschossen erfolgreich Erdziele.« Unter den Erfolgen wird vermerkt, daß Flight Lieutenant Clostermann dabei eine »Focke Wulf 190« und eine »Do 24« zerstört und zwei »Focke Wulf 190« und eine »Do 24«, zwei »BV 138«, zwei »Arado 232« und eine »Ju 52« beschädigt hat.

Pierre Clostermann erinnert sich nur daran, was er drei Tage später empfunden hat, als der Waffenstillstand gefeiert wird. Er hat diesen Krieg wie ein Sportsmann geführt, immer auf der Jagd nach persönlichen Siegen. Ihn beschäftigen nicht Konzentrationslager, Nazi-Herrschaft, Einsatzgruppen. »Ich habe stets eine große Bewunderung für den Mut und die Entschlossenheit der deutschen Piloten gehabt, und ich habe immer meine Verbindungen zu ihnen auf der Ebene von Männern gehalten und keineswegs vor dem Hintergrund historischer Feindschaften.« Er hält es für falsch, an den Tod der Gefangenen auf der »Cap Arcona« zu erinnern: »Ich gehöre zu denjenigen, die der Ansicht sind, daß der Krieg schrecklich genug war, um nicht vierzig Jahre danach noch gewisse Erinnerungen heraufzubeschwören.«[24] Er selbst beschwört mit seinen Büchern über Luftkämpfe die Erinnerungen an die Brutalitäten in der Luft herauf und bewundert den Mut und die Entschlossenheit solcher Nazi-Piloten wie Hans-Ulrich Rudel. Nach dem Kriege behält der sehr reiche Franzose Clostermann, der als »Algerien-Franzose« gegen die Republik kämpft und dann ein eigenes Flugzeugwerk leitet, diesen Kontakt zu deutschen Landsknechten. Als Rudel stirbt, hält Clostermann am Grabe des Altnazis die Trauerrede. Maschinen der Bundeswehr drehen eine Ehrenrunde um den Friedhof.

Am 8. Mai 1945 sitzt Pierre Clostermann im Faßberger Offizierskasino am Radio, neben den feiernden Kameraden, und ist traurig, daß der Krieg zu Ende ist: »Poltern und Klirren von zerbrochenem Glas. Einer hatte mit voller Wucht eine Flasche gegen den Lärm geschmettert, gegen all die Leute, die ohne Scham uns die Kundgebungen ihrer Erleichterung und ihrer Befreiung vorführten ... Well, Pierre, das ist das Ende. Sie werden uns nicht mehr nötig haben ... Es war nur allzu wahr; man hatte uns nicht mehr nötig und ließ uns das bald spüren. Aufhebung der Urlaube, Flugreisen den hohen Offizieren reserviert – Nadelstiche ohne Ende, die weiterschwären. Ich erhielt eine Mitteilung des Luftministeriums in Paris, gegengezeichnet von einem General, des Inhalts, daß ich durch besondere Gunst und ausnahmsweise zum Leutnant der Reserve ernannt worden sei.

Am 12. Mai war die große Parade in Bremerhaven – eine Tragödie. Weniger als 300 Meter über Boden verkeilten sich die vier Flugzeuge meines Schwarms schrecklich ineinander. Mein Fallschirm öffnete sich knapp über dem Boden – vier Don-

---

24 Brief Pierre Clostermann 16.9.1982 an den Autor

nerschläge der Flugzeuge, die zerschmetterten. Ich sehe mich noch zu den vier schwarzen Rauchsäulen rennen wie ein Verrücktgewordener, völlig benommen von der plötzlich hereingebrochenen Katastrophe. Zu meinen Füßen, mit zerbrochenen Gliedern, der Leichnam Robertsons im Khakihemd, halb in den Boden eingedrungen und noch mit dem Fallschirm verbunden, der sich nicht geöffnet hatte. Die Leiche Peters verbrannte in einer Benzinlache; zwanzig Meter weiter das Flugzeug Colsons, eine unförmige Masse in einem geschwärzten Krater, irgendwo unter dem Eisen noch verkohltes Fleisch und Knochen. Darüber, am Himmel zerstreut, die dreißig Flugzeuge des Geschwaders, das eine dahin, das andere dorthin fliegend, verwirrt und verloren im Bemühen, zu sehen und zu begreifen.«

Als ich Don Saunders im Sommer 1982 erzähle, auf wen er damals seinen Angriff geflogen ist und wen er getötet hat, beginnt der alte Mann zu weinen: »Ich wußte es nicht, ich wußte es nicht. Uns war gesagt worden, daß mit diesen Schiffen die Nazi-Führung nach Norwegen flüchten wolle, oder vielleicht zu den Russen.« Zu den Russen? Wie konnte man so etwas glauben? Aber anderes war ihnen nicht gesagt worden, und anderes haben sie auch später nicht gelesen. In keinem englischen Geschichtsbuch steht die wahre Geschichte der »Cap Arcona«.

Johnny Baldwin kann es nicht mehr erfahren. Er ist auch nach dem Krieg ein Militärpilot geblieben. 1950 meldet er sich zum Krieg der Amerikaner gegen Korea. Er ist nicht zurückgekommen, er ist vermißt.

Martin Trevor Scott Rumbold weiß nicht, was er sagen soll, als er von der »Cap Arcona« hört. Hat er beim Angriff auf die Schiffe nicht an die vielen Menschen gedacht? »Nein, wir dachten nur an den Job in unserer Hand. Man führte seine Befehle aus und versuchte, die Arbeit so gut wie möglich zu verrichten.«

Kurz erwähnt wird der Name der »Cap Arcona« in der unveröffentlichten Darstellung »A Short Historical Account of No. 83 Group, 1943/45« von Staffelkapitän D. R. Morgan[24] auf

---

24 D. R. Morgan, Kurzer historischer Überblick über die 83. Gruppe, Kopie im Besitz des Autors

Seite 27: »Schiffe aller Art wurden vom Feind in Dienst gestellt und versammelten sich in den ausgedehnten Buchten vor Kiel und Lübeck. Es sah so aus, als bereiteten sie einen Ausbruch nach Norwegen vor, um von dort den Kampf fortzusetzen... Wir nahmen an, daß es bedeutenden Naziführern gelungen war, von Berlin nach Flensburg zu flüchten, um mit diesen Schiffen nach Norwegen oder nach neutralen Ländern zu fliehen... ›Tempests‹ griffen erfolgreich die Passagierschiffe ›Deutschland‹ (21046 BRT) und ›Cap Arcona‹ (27561 BRT) an und verursachten einige Schäden.«

Keinen Hinweis auf die KZ-Gefangenen findet man im Museum der Royal Air Force in Hendon bei London, auch nicht im Imperial War Museum in London. Der am besten informierte Engländer, Winston Churchill, notiert in seinen sechsbändigen Memoiren *Der zweite Weltkrieg* einen knappen Satz: »Die Schlußphase unserer Angriffe galt den deutschen Küstengewässern und den Ausfahrten aus der Ostsee.«

Nie hat irgendeine englische Regierung ein Wort über den Tod der 7500 Menschen in der Neustädter Bucht gesagt. Nie wurde ein Kranz niedergelegt. Nie wurde eine Rede gehalten. Die Gewehrsalve des Captains Pratt und seiner Soldaten am Grab in Pelzerhaken blieb die einzige Ehrung der Toten.

Zum letzten Mal »Heil Hitler!«

Ein Volksschullehrer hat über die Katastrophentage eine Chronik geführt. Ernst Willrodt, Lehrer der Schule Rettin-Pelzerhaken, schreibt mit einfachen Worten nieder, was er erlebt hat. So wie die Schulmeister das Unheil des Dreißigjährigen Krieges aufgezeichnet haben, das über ihre Dörfer gekommen war:

»Am 2. Mai hatte ich zum letzten Mal unter dem Nazi-Regime Unterricht erteilt und auch die Kinder zum letzten Male mit dem deutschen Gruß ›Heil Hitler!‹ – in Gedanken war es ›Unheil Hitler‹ – gegrüßt.

Am Donnerstag, 3. Mai, kamen sieben englische Flieger und warfen Bomben auf die Schiffe. Der Angstschrei der vielen tausend Menschen hallte bis ans Ufer. Menschen sprangen über

Bord und schwammen im eiskalten Wasser. Sehr wenige sind am Leben geblieben.

An diesem Nachmittag ist der Engländer in Neustadt eingezogen. Am Tage vorher war er schon über Süsel bis nach Kiel gekommen. Einer der von der ›Cap Arcona‹ Übriggebliebenen, der ans Ufer geschwommen war, kam abends zitternd vor Kälte bei der Schule an und wollte nicht wieder fort. Am Herd hat er sich aufgewärmt, nachdem er eine trockene Hose anbekommen hatte. Er war aus der Gegend von Smolensk, Tischler von Beruf und sonst ein guter Junge. Nur zwei Stück Brot und ein bißchen Fisch konnte er essen, und wie ich ihn auf dem Stallboden im Stroh zur Ruhe bettete, sagte er mehrfach: ›Danke, Vater! Danke, Vater‹.

Am nächsten Morgen hat Wladimir hier fleißig mitgeholfen, und am Nachmittag kamen Engländer nach Pelzerhaken. Er ist dann zu ihnen gegangen, mit einem Ausweis in Englisch. Am Abend kehrte er, nun von ihnen reich beschenkt, auch mit Lebensmitteln, zu uns zurück und bat, noch eine Nacht auf dem Stallboden schlafen zu können. Er war sehr stolz darauf, daß er uns nun auch etwas geben konnte. Auf Stalin ließ er nichts kommen. Die russischen Verhältnisse gefielen ihm sehr gut. Wie ist er ins KZ gekommen? Als Gefangener kam er in eine Fabrik in Gelsenkirchen. Weil es nichts zu essen gab, ist er ausgekniffen und in Oldenburg/Ostfriesland geschnappt worden. Nun ging's über Bremen und Hamburg nach Lübeck auf ein Schiff, ›Cap Arcona‹. Er sagte, das Schiff sei noch leer gewesen, als er verladen worden ist.

Die Schiffe waren nun alle als Wracks auf Grund gegangen. Die ›Cap Arcona‹ und die ›Deutschland‹ liegen an seichten Stellen auf der Seite und ragen noch als Wracks aus dem Wasser.

In der Nacht vom 2. zum 3. Mai sind auch schon viele KZ-Leute geflüchtet. Gesagt wurde, daß ihre Wachmannschaften geflüchtet seien.

Weil sie Hunger hatten, hatten sie auch schon geräubert und geschlachtet. Am Vormittag, 3. Mai, sind viele am Strande bei der Strandhalle erschossen worden. Hier hörte man das lebhafte Gewehrfeuer, wohl zwei Stunden lang, und ich konnte mir nicht erklären, was es sein sollte. Der Engländer war doch schon in Süsel, und nun in der Richtung.

Später hat mir Frau Marsen, wohnhaft bei der Strandhalle, davon erzählt: In der Nacht vom 2. auf den 3. Mai hörte die Familie Marsen eine gewaltige Explosion vom Wasser her. Marsen sei gleich der Meinung gewesen, die ›Arcona‹ sei in die Luft gegangen. Nachdem er aus dem Hause geeilt war, konnte er feststellen, daß es ein anderes Schiff sei, das schnell in den Fluten versank. Nach dieser Feststellung ging alles wieder ins Bett. Doch an Schlafen war nicht zu denken. Bald hörte man menschliche Stimmen dicht beim Hause, und es waren fremde Sprachen, die vernehmbar waren. So ging er schnell wieder aus dem Bett. Ein Blick aus dem Fenster ließ das Herz einen Augenblick stille stehen: Dicht an dicht gedrängt standen die Menschen beim Hause im Garten, so weit man sehen konnte. In die Kleider und aus der Tür, um zu sehen, was los sei. Dicht beim Hause zur Hauptsache Frauen, die zum Teil Kinder auf den Armen trugen. Sie baten um Milch für die Kleinen, die in sechs Tagen nichts bekommen haben sollten. Die Jammergestalten der Kleinen und auch der Frauen schienen diese Aussagen zu bestätigen. Die Kinder waren auf Haut und Knochen abgemagert und im Wachstum ganz zurückgeblieben. Die Milch im Hause, auch aus Büchsen, war nun schnell ausgeteilt, und dann gab es Kaffee für die Männer und Frauen, bis auch der Kaffee verbraucht war. Nun waren die Männer, die gern etwas Heißes haben wollten, auch mit heißem Wasser zufrieden. Unter ihnen waren dreißig norwegische Polizisten, die sich seinerzeit in ihrer Heimat geweigert hatten, in die SS einzutreten und für Hitler zu kämpfen, darum hatten sie KZ bekommen. Sie hielten Ordnung in der Menschenmasse, und sie wurden auch respektiert.

Wie Frau Marsen nun gerade vier jungen Burschen heißes Wasser gegeben hatte, erschienen zwei Feldwebel, denen sie sagte, sie möchten doch dafür sorgen, daß die Leute unterkommen. ›Das wollen wir auch‹, war die Antwort, und es erschienen zwei Matrosen, von denen der eine den anderen anfeuerte: ›Nun schieß man zu!‹ Frau Marsen: ›Ihr wollt die Leute doch nicht totschießen!‹ ›Was denn?‹ ›Doch nicht vor meiner Tür.‹

Damit ist sie ins Haus gelaufen, und draußen krachten viele Schüsse, ein lebhaftes Schützenfeuer. Viele KZ-Leute sind nun auf die Schute geflüchtet, mit der sie gekommen waren. Man wußte nun nicht, wohin damit, und brachte sie so nach Neustadt. Unterwegs sollen auch noch viele erschossen worden sein. Als sie in Neustadt ankamen, war auch schon der Engländer da, der von den zu Tode geängstigten Leuten als Erretter freudig begrüßt wurde. Der englische Major ist über diese unmenschliche Tat ganz ungehalten gewesen und wollte Neustadt dafür in Schutt und Asche sinken lassen. Nur Frauen und Kinder sollten es verlassen dürfen. Zwei Offiziere wurden verlangt. Da keiner der Offiziere sich dazu bereit erklärte, gingen der Marinepfarrer Professor Redeker und ein Stabsarzt. Der erregte Engländer wollte sie sofort erschießen lassen: ›Die Deutschen sind alle schuld daran!‹ Darauf hat Professor Redeker das Predigerkreuz auf seiner Brust hervorgezogen und gesagt: ›Darüber entscheidet Gott, er ist unser Richter.‹

Neustadts Bürger wußten von nichts, hatten nichts von den KZ-Lagern auf den Schiffen gewußt, und die es wissen wollten, wußten es doch nicht bestimmt.«

Auch Lehrer Willrodt, der sich mit seinen Hintergedanken an das ›Unheil Hitler‹ einigermaßen ins Nazireich eingepaßt hatte, fällt trotz seines Mitgefühls mit den ausgehungerten KZ-Gefangenen schnell wieder in seine alte Haltung zurück:

»Neustadt mußte sich's gefallen lassen, daß die KZ-Leute sich aus den Häusern holten, was sie haben wollten, ein Zustand, der drei und vier Tage dauerte und für viele doch sehr hart war. Am schlimmsten haben sich hierbei die Polen benommen. Die anderen Ausländer haben, soviel ich weiß, gar nicht oder nur wenig von diesem Plünderungsrecht Gebrauch gemacht. Bei der Plünderung der Geschäfte haben sich auch Neustädter Einwohner rege beteiligt.

Auch kamen nun jeden Tag KZ-Leute, die auch sehen wollten, was sie von unseren Sachen gebrauchen könnten. Vor allem wollten sie Milch, Eier, Brot, Fleisch und so weiter, und wir hatten selbst nicht viel. Wir konnten uns selbst nicht sattessen. Für diese Zeit gab es auch nichts zu kaufen. Man konnte sich auch nicht vom Hause wagen, überall konnte man beraubt werden, im Hause und auch unterwegs. Wichtige Sachen waren in diesen Tagen eingegraben, damit sie nicht gleich für den Griff bereitstanden. In dieser Zeit haben einige Familien sehr leiden müssen, auch Bekleidung wurde entwendet, das Vieh wurde auf den Weiden abgeschlachtet. Dieser Zustand fand ein Ende, als die deutschen Soldaten hier als Gefangene interniert wurden. Von ihnen hatten wir Schutz gegen die KZ-Leute.«

So schnell wechselt die Einstellung. Eben noch hat der Lehrer das Schicksal der seit vielen Jahren gedemütigten Gefangenen beklagt, schon sind es wieder die deutschen Soldaten, die – selbst als Gefangene – den »Schutz« bieten gegen die ausgehungerten KZ-Gefangenen.

Noch etwas trifft den Lehrer hart:

»Am 5. nachmittags kam ein Auto mit einem englischen Hauptmann hier bei der Schule vor. Ich mußte alle Waffen, Jagdflinte, 9-mm-Tesching, 6-mm-Luftgewehre und Pistole abgeben, dazu den Fotoapparat mit Zeiss-Tessar-Objektiv. Die Munition behielt ich. Als ich dann im Rundfunk hörte, daß, wer Munition besitzt, schwer bestraft würde, habe ich einen ganzen Kasten voll nach der Polizei gebracht. So tief sind wir also gesunken wie keine Generation vor uns: Wir dürfen keine Ratte mehr abschießen.«[26]

Wahrhaft: So tief sind wir gesunken, daß man uns, nachdem wir gerade die Menschen abgeschossen haben wie die Ratten, nicht einmal mehr die Ratten selbst abschießen läßt...

Die Nazis nehmen den Untergang der »Cap Arcona« nicht zur Kenntnis

Auch Hitlers Nachfolger Karl Dönitz mit seiner See-Erfahrung als Groß-Admiral hat die Katastrophe der »Cap Arcona« nie zur Kenntnis genommen. Als Chef der »Reichsregierung« in

---

26 Ernst Willrodt, *Chronik der Schule Rettin*, Kopie im Besitz des Autors

seinem Flensburger Bunker notiert er nur einmal seine Kenntnis von einem KZ-Transport:

»Am 5. Mai meldete mir der Standortälteste von Mürwik, daß ein Weichselkahn, der in den letzten Wochen über die Ostsee von Danzig aus mit erheblichen Verzögerungen durch die Kriegslage nach Flensburg geschleppt worden war, mit etwa 300 KZ-Insassen, die sich in einem furchtbaren Zustand befanden, angekommen sei, wie der Hafenkapitän von Flensburg festgestellt hätte. Ich befahl sofortige Hilfe und Unterstützung, vor allem auch in ärztlicher Hinsicht, für die überlebenden Insassen dieses Transports.«

Dönitz hat von den anderen Konzentrationslagern, von Auschwitz, Treblinka und Majdanek, von Neuengamme, Dachau und Bergen-Belsen nie gehört?

Allen Ernstes versichert der Hitler-Nachfolger Dönitz 24 Jahre nach dem Ende des Krieges einer Gruppe französischer Journalisten, er habe von all diesen Verbrechen des Nazi-Staates erst nach der Kapitulation erfahren:

»Am 7. Mai 1945 kam der Generaladmiral von Friedeburg, den ich zu Kapitulationsverhandlungen zu Eisenhower geschickt hatte, aus dem amerikanischen Hauptquartier zu mir nach Flensburg-Mürwik zurück. Er brachte mir eine Ausgabe der amerikanischen Soldatenzeitung *Stars and Stripes* mit. In dieser Zeitung waren Bilder aus dem deutschen Konzentrationslager Buchenwald, das auf dem Ettersberg in unmittelbarer Nähe der Stadt Weimar lag, abgebildet. Diese Bilder von toten und verhungerten Lagerinsassen waren entsetzlich. Wenn auch wiederum das Ende des Kriegs durch Erschwerung der Verpflegungsmöglichkeiten des Lagers hierbei eine Rolle gespielt haben mag, so waren doch diese Zustände eindeutig verbrecherisch und in keiner Weise durch irgendwelche anderen Gründe zu rechtfertigen. Friedeburg und ich, sowie mein Stab, waren entsetzt. Derartiges hatten wir nicht für möglich gehalten. Am 9. Mai habe ich dann den Bericht des Hafenkapitäns über den eingangs genannten Weichsel-Kahn erhalten. In diesen ersten Tagen des Mai, also nach der Kapitulation, erhielten wir noch weitere Nachrichten über die Zustände in deutschen KZ-Lagern ... In Übereinstimmung mit meinem Außenminister und dem Chef der vorläufigen Reichsregierung, Graf Schwerin von Krosigk, erließ ich daher als Staatsoberhaupt eine Verfügung, die das Reichsgericht als oberste deutsche Rechtsinstanz mit der sofortigen Verfolgung dieser Fälle beauftragte. Diese Verordnung lautete:

Verordnung. § 1. Alle Verstöße bei der Festnahme und Vernehmung von Personen und bei der Einweisung von Häftlingen in Konzentrationslager sowie bei der Unterbringung und Behandlung in diesen Lagern, die den allgemein gültigen Grundsätzen von Recht und Moral sowie den ergangenen gesetzlichen Bestimmungen zuwiderlaufen, werden einer sofortigen Untersuchung unterworfen. Verstöße sind nach den geltenden Strafgesetzen zu ahnden und beschleunigt abzuurteilen und zu vollstrecken.

§ 2. (1) Die Untersuchung dieser Straftaten und die Erhebung der Anklage übertrage ich dem Oberreichsanwalt beim Reichsgericht. (2) Für die Aburteilung ist das Reichsgericht in erster und letzter Instanz zuständig.

§ 3. Diese Verordnung tritt mit dem Tage ihrer Verkündung in Kraft. Hauptquartier, den 15. Mai 1945. Der Großadmiral, gez. Dönitz.«

So wahnwitzig es klingt, daß ein kleiner Hitler Nummer zwei nach dem vollständigen Zusammenbruch des Nazi-Reichs noch über Reichsgericht und Oberreichsanwalt verfügt und mit ihrer Hilfe die Bewältigung der Nazi-Verbrechen anordnet, so phantastisch ist später die politische Wirklichkeit: All die Leute, über die Herr Dönitz verfügt und denen er Phantasiebefehle erteilt, bleiben in ihren Ämtern. Kein Richter wird verurteilt wegen seiner Mordurteile. Der Justizapparat bleibt der gleiche wie unter Hitler. Der Erfinder des Judensterns wird höchster Beamter der Bundesrepublik Deutschland, Ministerialdirigent Dr. Hans Globke. Und als dieser Justizapparat Jahrzehnte später widerwillig gegen einige Nazi-Mörder Verfahren und Prozesse in Gang setzt, ist das Ergebnis nicht anders, als hätte Dönitz es befohlen.

Gegen die Schuldigen an der Ermordung der Gefangenen von »Cap Arcona« und »Thielbek« wird kein Urteil gesprochen. Nicht von Engländern, nicht von Deutschen. Der Fregattenkapi-

▲ *Etwa 1943: Die »Athen« auf der Ostsee*

▲ *Mai 1982: Erwin Geschonneck spielt die Hauptrolle im DDR-Film »Der Mann von der Cap Arcona«. Es wird ein schwacher Film. Das Leben dieses Mannes ist viel stärker*

6. Mai 1945: Nummer P 369, der Pole Gerard Pisarski, in der U-Boot-Schule in Neustadt. Er ist mit den Brüdern Pracki ins Wasser gesprungen. Aber er kann nicht schwimmen, ein deutscher Kamerad zeigt ihm die Schwimmzüge, so entgeht er dem Tode ►

◄ *3. Mai 1946: Der Pole Gerard Pisarski ein Jahr nach dem Untergang der »Cap Arcona« bei der Gedenkfeier auf dem Wrack in der Neustädter Bucht*

3. Mai 1945: Der Zeuge Jehovas Ernst Schneider klammert sich, als das Schiff brennt, an einer Eisenplatte fest und versucht, zwei Russen davon zu überzeugen, daß sie sich von der untergehenden Welt trennen müssen, denn nur der wird gerettet, der in die Zufluchtsstatt THEOKRATIE geflüchtet ist ►

◄ *Sommer 1953: Der Orchestermusiker Ernst Schneider nach dem Krieg in Düsseldorf*

▲ *4. Mai 1945: An den Duckdalben des Anlegers von Pelzerhaken treibt ein ertrunkener deutscher Marineinfanterist von der »Cap Arcona« an*

▲ *6. Mai 1945: Am Strand zwischen Neustadt und Pelzerhaken werden Massengräber ausgehoben und die angetriebenen Toten dort begraben*

▲ *Mai 1945: Der Häftling Ernst Stassek (ganz rechts) versucht vor dem Begräbnis der Opfer Tote zu identifizieren*

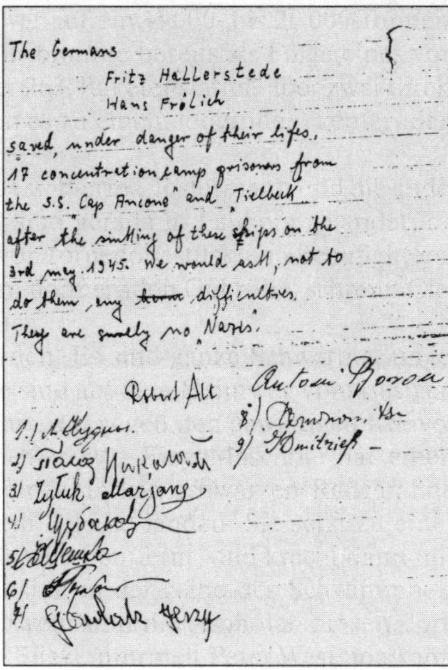

The Germans
Fritz Hallerstede
Hans Frölich
saved, under danger of their lifes,
17 concentration camp prisoners from
the S.S. Cap Arcona" and "Tielbeck
after the sinking of these ships on the
3rd may 1945. We would ask, not to
do them, any ~~harm~~ difficulties.
They are surely no Nazis.

Robert Alt
Antoni Bzora
1.) A. Kuzmin
2) Палаш Николай
3) Zyluk Marjang
4) Чубаков
5) [illegible]
6) [illegible]
7) [illegible] Jerzy
8) [illegible]
9) Dmitriew

3. Mai 1945: KZ-Gefangene unterschreiben einen Bericht, daß Fritz Hallerstede und Hans Fröhlich siebzehn Häftlinge der »Cap Arcona« und der »Thielbek« gerettet haben. »Wir bitten, ihnen keine Schwierigkeiten zu machen. Sie sind keine Nazis.« ▶

◄ *Februar 1983: 38 Jahre später – die Lebensretter Fritz Hallerstede (links) und Hans Fröhlich*

3. Mai 1980: Dr. Hilde Büttner, ehemals Ärztin des Krankenhauses in Neustadt, und Carolin Schwarberg am Ehrenmal für die »Cap Arcona«-Opfer auf dem Friedhof in Grömitz: »Sie sind die ersten seit zehn Jahren.«

▲ *Vorkriegszeit: Ein beliebtes Ausflugsziel der Neustädter ist das »Erika-Bad«. Am Morgen des 3. Mai 1945 kommen hier die Schiffbrüchigen der Stutthof-Kähne vorbei. Die Hausmeistersfrau Magdalena Lange berichtet: »Praktisch vor unserm Haus haben sie die erschossen, und meine drei Kinder haben dabeigestanden.« Ihr Sohn Eckehard erinnert sich 41 Jahre später: »Da wir unser Frühstücksbrot noch in der Hand hatten, bettelten die Vorbeiziehenden um Brot. Einer alten Frau, der ich mein Brot zur Verfügung stellte, war dies nicht genug, und sie bat um mehr. Als ich von zu Hause zurückkam, war die Kolonne schon weitergezogen. Die alte Frau lag still und unbeweglich am Wegesrand, sie war erschossen worden.«*

tän Heinrich Schmidt, auf dessen Befehl die KZ-Häftlinge nicht an Bord der Rettungsschiffe genommen werden, genießt bei seinem englischen Offizierskollegen sogar besonderen kameradschaftlichen Schutz.

Der Hamburger Gauleiter Karl Kaufmann wird weder von den Besatzungsbehörden noch von den deutschen Gerichten wegen seines Befehls, zehntausend Menschen auf die Schiffe zu bringen und deren Versenkung zu planen, bestraft. Der Fall »Cap Arcona« wird behandelt wie ein Schiffsunglück, an dem niemand schuld ist.

Die vierhundert Morde am Strand von Neustadt und Pelzerhaken bleiben ohne Sühne. Fünf Jahre nach dem Krieg, am 12. Mai 1950, erklärt der schleswig-holsteinische Justizminister im Kieler Landtag auf eine Anfrage der SPD-Fraktion: »Gegen den Beschuldigten Ziemann sind in den Jahren 1948 und 1949 umfangreiche Ermittlungen geführt worden, über deren Ergebnis der Militärregierung unter dem 29. Juni 1949 ein eingehender Bericht erstattet worden ist. Ein hinreichend sicherer Beweis für die Täterschaft des Beschuldigten Ziemann, der zu seiner Überführung ausgereicht hätte, ließ sich nicht führen.« Im übrigen sei die Massenerschießung durch die britische Untersuchungsgruppe für Kriegsverbrechen (War Crimes Group) »vollständig aufgeklärt« worden.

Vollständig aufgeklärt, vollständig untätig, vollständig vergessen – so bewältigt die deutsche Justiz die Morde der Nazis.

Die Wehrmacht hält es nicht für nötig …

Überall in Deutschland, überall in den Nachbarländern suchen in den Tagen, Wochen, Monaten und Jahren seit dem 3. Mai 1945 Menschen nach ihren Angehörigen. Sind sie bei der »Cap Arcona«-Katastrophe getötet worden? Hat man sie am Strand erschossen? Oder leben sie noch?

Der Polizeimeister Sass in Neustadt muß in dieser Zeit viele Briefe beantworten, ebenso das Komitee ehemaliger politischer Gefangener. Hier sind einige davon:

Hamburg-Altona, den 26.10.45

An den Herrn Bürgermeister der Stadt Neustadt/Holstein.

Sehr geehrter Herr Bürgermeister,

wir ersuchen Sie hiermit und bitten höflichst, ob Sie vielleicht uns in unserer Herzensangst helfen können. Es handelt sich um unseren Angehörigen Julius Möller, der sich auf dem Dampfer »Cap Arcona« als Wachmann der KZ-Häftlinge in den Tagen vom 29. April 45, als der schwere Angriff stattfand, befunden haben soll. Es besteht aber auch die Möglichkeit, daß Julius Möller auf dem Dampfer »Athen« an Bord gewesen ist. Da seine Frau nun ernstlich erkrankt ist durch allerhand Gerüchte, die hier im Umlauf über den s. Zt. stattgefundenen Angriff und daß auch so viele Menschen umgekommen sind. So möchten wir gerne Genaues in Erfahrung bringen, ob unser Angehöriger noch am Leben ist oder ob wir damit rechnen müssen, daß er beim Angriff gefallen ist. Sollten Sie, werther Herr Bürgermeister, nun in der Lage sein, irgend etwas über unsern Schwager, Bruder, Ehemann in Erfahrung zu bringen, so bitte ich im Namen der Familie herzlichst, uns bei der Suche nach ihm uns beizustehen und versuchen zu helfen. Seine Personalien sind Julius Möller, geb. 15.6.02 zu Altona. 1941 wurde er als Landesschütze eingezogen. 1944 wurde er zur SS abkommandiert. Letztes Lebenszeichen war ein Brief aus Lübeck, den er am 27.4.45 an seine Frau mit dem Bescheid geschrieben hat, daß er in den nächsten Tagen auf ein Schiff versetzt werden würde. Sollte Ihr werther Bescheid an uns auch noch so hart ausfallen, wir fügen uns darin. Im voraus herzlichst dankend im Namen unserer Familie, hochachtungsvoll Hans Wleck, Hamburg/Altona, Treskow-Allee 6 ptr. b. Schwarz.

Neustadt, den 31.10.45

An Herrn Hans Wleck in Hamburg/Altona.

Zu Ihrem Schreiben vom 26.10.45 kann ich Ihnen mitteilen, daß der Wachmann Julius Möller von den Dampfern »Cap Arcona« oder »Athen« hier nicht als Leiche an Land gespült worden ist. Allerdings sind auch mehrere unbekannte Soldaten, die weder Papiere noch Erkennungsmarken bei sich trugen, an Land gespült und als unbekannte Soldaten beigesetzt worden. Es besteht außerdem noch die Möglichkeit, daß die Leiche weiter nach der Gegend von Travemünde oder in das Mecklenburgische abgetrieben ist.

Sass, Rev. Ltn. d. Sch.

Lübeck, den 25. 10. 45.

Am 27. 4. 45 ist mein Mann, Obergefr. Edmund Scheffler, geb. 6.8.00 in Hamburg, mit der »Athen« aus Lübeck gefahren, um KZ-Gefangene nach Neustadt zu bringen. Können Sie mir vielleicht irgendeine Auskunft geben, ob er bei den an Land geschwemmten Leichen oder bei den Geretteten mit bei war. Denn ich habe seit dem Tage keine Nachricht mehr erhalten. Um recht baldige Nachricht bittet, hochachtungsvoll Frau Maria Scheffler.

Neustadt, den 1. 11. 45

Auf Ihre Karte vom 25. 10. 45 kann ich Ihnen erwidern, daß am 20. 7. 1945 mit 43 anderen Leichen auch die Leiche eines Obergefr. Scheffler geborgen wurde. Der Vorname war in den Papieren durch Verwaschen nicht mehr zu erkennen. Er führte eine Erkennungsmarke mit der Nr. 59788 bei sich. Vielleicht ist Ihnen die Erkennungsnummer Ihres Ehemannes bekannt.

Sass, Rev Ltn. d. Sch.

Lübeck, den 14. 11. 45

Sehr geehrter Herr Sass,

mit schwerem Herzen muß ich Ihnen mitteilen, daß es die Nummer von meinem lieben Mann ist. Nun ist meine Hoffnung dahin, daß er lebt. Habe eine Bitte an Sie. Schreiben Sie mir, wann mein Mann angeschwemmt ist und wo er beerdigt ist. Ich kann leider nicht mehr kommen, weil ich mein 6. Kind im Dezember entbinde. Lassen Sie bitte den Namen ans Grab schreiben. Wenn ich im Sommer komme, daß ich es finde. Ich schicke Ihnen ein Bild zu, ob Sie sich vielleicht entsinnen können. Mit Gruß Frau Scheffler

Neustadt, 20. 4. 49

An Frau Maria Scheffler in Lübeck.

In Beantwortung Ihres Schreibens vom 14. 4. 49 teile ich Ihnen mit, daß Ihr Ehemann seinerzeit am 20.7. 45 am Strand von Sierksdorf beigesetzt worden ist. Ob dieses Grab später von der Gemeindeverwaltung Sierksdorf mit umgebettet worden ist, ließ sich nicht mehr feststellen, zumal der damalige Gemeindedirektor Kahl bereits 47 verstorben ist und keinerlei Aufzeichnungen über die vorgenommenen Umbettungen hinterlassen hat. Die in Sierksdorf aufgefundenen Leichen werden im Frühjahr 1950 exhumiert. Hierbei dürfte aber eine Identifizierung von Leichen nicht mehr möglich sein, da nur noch Gerippe vorhanden sein werden. Die Erkennungsmarke Ihres Mannes wurde seinerzeit der Wehrmacht übergeben.
Sass, Polizei Inspektor.

Hamburg, den 31. 10. 45

Mein Mann hieß Erwin Winkler, geb. 3. 6. 1909 in Hamburg. Sein Heeresstandort war Neuengamme. Die Nummer war SS Mann R SS T Stuka 579 Neuengamme. Frau Gertrud Winkler, Hamburg-Schnelsen, Siekreystraße 11

Neustadt, den 13. 11. 45

Sehr geehrte Frau Winkler!

Beiliegend übersende ich Ihnen die mir übersandte Fotografie Ihres verstorbenen Ehemannes zurück. Leider ließ sich anhand der Fotografie Ihr Mann nicht mehr identifizieren, da die Leiche ja in der Zeit vom 3. 5. bis zum 13. 8. 45 durch das lange Liegen im Wasser aufgedunsen war. Da Sie aber die Nummer der Erkennungsmarke Ihres Ehemannes zweifelsfrei kennen, bin ich mit Ihnen der Ansicht, daß es sich bei dem Toten um Ihren verstorbenen Mann handelt. Seine Liegestätte, die er noch mit einem zweiten unbekannten Soldaten teilt, ist der Polizei bekannt, und habe ich bei der hiesigen Wehrmachtskommandantur veranlaßt, daß ein Holzkreuz beschriftet wird und das Grab somit gekennzeichnet wird. Zu Ihrem schmerzlichen Verlust spreche ich Ihnen mein tiefst gefühltes Beileid aus. Als Sterbetag Ihres Ehemannes können Sie den 3. 5. 45 ansehen, da an diesem Tage das Unglück mit den Schiffen auf der Reede vor Neustadt passierte.

Sass, Rev. Ltn. d. Sch.

Berlin N 4, Invalidenstraße 43, den 17. 12. 45

Können Sie mir Auskunft über den Verbleib meines Sohnes Harri geben? Mein Sohn Harri Diebel ist seit März 1944 im KZ Neuengamme bei Hamburg gewesen. Seit dem 18. März 1945 haben wir von ihm keine Nachricht mehr. Ich hörte nun, daß 3 Schiffe mit Insassen des KZ-Lagers in der Lübecker Bucht bei Neustadt versenkt worden seien. Es sollen davon auch mehrere Leute gerettet worden sein. Wir haben nun noch die letzte Hoffnung, daß mein Sohn bei den Geretteten sein kann. Mein Sohn Harri Diebel war politischer Schutzhäftling. Geboren 14. 8. 1914 in Halensee (Berlin W), 1,70 mtr. groß, Brillenträger, denn er war sehr kurzsichtig. Kleiner Leberfleck an der Fussohle, dunkelblondes Haar, meistens nach hinten gekämmt. Kleine Operationsnarbe an der rechten Leistenseite. Ziemlich hoher Hinterkopf. Er sprach Berliner Mundart. Im KZ hatte er Nummer 27558, Block 23. Sollte irgend etwas über seinen Verbleib bekannt sein, so geben Sie mir bitte Antwort, auch wenn es das Schlimmste ist, wir sind auf alles gefaßt. Anbei Briefumschlag für Einschreibebrief und 1 RM Porto. Unkosten werden vergütet. Im voraus besten Dank für Ihre Bemühungen. Gustav Diebel.

Sollte mein Sohn schon beerdigt sein, so teilen Sie uns doch bitte seine Ruhestelle mit. Wenn aber seine Leiche noch gefunden werden sollte, so bitte ich ihn noch nicht der Erde zu übergeben, wir wollen ihn dann einäschern lassen, und die Asche wollen wir bei meinem 2. Sohn hier in Berlin beisetzen lassen. Mein 2. Sohn ist hier als Volkssturmmann am 27. 4. 45 gefallen, und seine Urne ist hier auf dem Invalidenfriedhof beigesetzt. Ich bitte daher in diesem Falle um sofortige Nachricht, da dann jemand von uns nach Neustadt kommt.

Neustadt, den 31. 12. 45

Die Leiche ist hier in Neustadt bisher nicht identifiziert. Wohl sind eine Menge Leichen mit keinen Nummernbezeichnungen als unbekannte Leichen beigesetzt worden. Gleichfalls befinden sich auf den gesunkenen Schiffen voraussichtlich noch mehr Leichen. Die Zahl läßt sich insgesamt nicht annähernd feststellen. Eine Anschwemmung von Leichen hat in den letzten zwei Monaten nicht mehr stattgefunden. Ich bedaure Ihnen keine zufriedenstellende Antwort geben zu können. Seien Sie versichert, daß die hiesige Polizei alles tun wird, um den Hinterbliebenen der Opfer mit Rat und Tat zur Seite zu stehen. Sollte die Nummer Ihres Sohnes bei einer späteren Leiche in Erscheinung treten, werde ich Sie umgehend benachrichtigen.

Sass, Bez. Ltn. d. Sch.

Neustadt, den 14. 6. 46

An die Pol.-Verwaltung in Berlin.

Ich bitte Frl. Hildegard Schulze, Berlin N 65, Dublinerstr. 10 zu benachrichtigen, daß ihr vermutlicher Bekannter – wie aus einer vorgefundenen, kaum zu entziffernden Postkarte hervorgeht – Alois Schymetzki, Wohnort Petrowitz, Rathausstr. 6, als Leiche im Frühjahr 1945 in der Neustädter Bucht angeschwemmt, geborgen und in einem Massengrab beigesetzt ist.

Sass, Leutnant der Polizei.

Hamburg, den 16. 5. 46.

Frau Maria Schinke, Berlin-Neukölln
Betr.: Willi Seichter, geb. 6. 5. 07.

Auf Ihr Schreiben vom 2. ds. Mts. muß ich Ihnen leider die Mitteilung machen, daß Ihr Bruder nicht mehr unter den Lebenden weilt. Als Kamerad Ihres Bruders kann ich Ihnen Folgendes mitteilen: Ende April 1945 wurden etwa 10 000 ehemalige Häftlinge von Neuengamme nach Lübeck verschleppt und auf Schiffe verladen. Ich befand mich mit einer Reihe Kameraden, unter denen auch Willi war, auf dem Frachtdampfer »Thielbek«. Dieses Schiff wurde am 3. 5. 45 in der Bucht von Neustadt versenkt und sank 3–4 km von der Küste entfernt innerhalb weniger Minuten. Da keinerlei Rettungsaktion unternommen wurde, sind von den 2 800 Kameraden, die an Bord des Schiffes waren, bis auf kaum 100 alle ertrunken. Ich konnte Ihren Bruder noch wenige Minuten vor dem Untergang sehen, verlor ihn jedoch aus den Augen, da ich von Bord sprang, um mich durch Schwimmen zu retten. Vielleicht ist es Ihnen ein Trost, wenn ich Ihnen mitteile, daß Ihr Bruder unter den politischen Häftlingen des Lagers allseitig beliebt war und wir Überlebenden mit Ihnen um den Tod eines ehrlichen und tapferen Antifaschisten trauern.

Paul Weismann, Hans Schwarz,
Komitee ehemaliger politischer Gefangener

Eberbach, den 18. 8. 46

Herrn Bürgermeister der Stadt Neustadt/Holstein.

Sehr geehrter Herr Bürgermeister!

Das Komitee ehemaliger politischer Gefangener in Hamburg teilte mir mit, daß im Juli 46 weitere 37 Leichen von der Schiffskatastrophe in Neustadt angeschwemmt wurden und daß die Leiche meines Sohnes Arnold Krauth aus Frankfurt, 33 Jahre alt, identifiziert wurde. Da wir eine Familiengrabstätte hier in Eberbach haben, möchte ich meinen Sohn, wenn es möglich ist, hierher entweder als Leiche oder als Asche überführen lassen. Können Sie mir Auskunft geben, ob mein Sohn seine Ruhestätte in einem Einzelgrab gefunden hat oder ob mein Sohn in einem Massengrab ruht? Aus einem solchen wird es wohl schwer sein, die Leiche herauszufinden. Wenn mein Sohn aber in einem Einzelgrab untergebracht ist, so bitte ich um genaue Angaben. Für die würdige Ausgestaltung der Gräber bin ich gerne bereit beizusteuern. Herr Bürgermeister, ich wäre Ihnen sehr dankbar für eine erschöpfende Auskunft. Ich danke Ihnen für die Bemühungen im voraus.

Alfred Krauth

Neustadt, den 28. 8. 46

Herrn Professor Alfred Krauth in Eberbach.

Ihr vom 18. 8. 46 an den Bürgermeister der Stadt Neustadt gerichtetes Schreiben habe ich heute erhalten. Es ist nicht richtig, daß im Monat Juli 1946 weitere 37 Leichen von der Schiffskatastrophe vom Mai 1945 in Neustadt/Holstein angetrieben sind. Durch Zeugenaussagen der mit Ihrem Sohn auf dem Schiff gewesenen anderen Konzentrationäre konnte nur festgestellt werden, daß Ihr Sohn bei dem Unglück ums Leben gekommen ist. Er hat die Strecke vom Schiff zum Ufer nicht schwimmend zurücklegen können. Seine Leiche ist hier nicht identifiziert. Ist es Ihnen möglich, uns die KZ-Nummer Ihres Sohnes anzugeben? Es sind noch verschiedene KZ-Nummern vorhanden, ohne daß eine Möglichkeit besteht, die Personalien der geborgenen Leichen festzustellen.

Sass, Ltn. d. Pol.

Ehringshausen, 12. 9. 46

Ersuche höflichst um Verbleib des Soldaten Kurt Czerch, geb. 31.7.22 in Seidenschwanz bei Gablonz a/N, Sudetenland. Mein Sohn war 23 Monate im KZ in Aschendorfermoor in Papenburg. Von dort nach Torgau und dann nach Olmütz/Mähren, dann nach der Ostsee, einer deutschen Hafenstadt. Er konnte keine neue Anschrift schreiben, schrieb mir einen Brief vom 2. 4. 45. Seine letzten Worte, werde nächste Tage eingeschifft und kommen in Einsatz. Nun weiß ich doch gar nichts von ihm.

Nun möchte ich doch die Kameraden ersuchen um Auskunft, die doch mit ihm beisammen waren. Man schrieb doch in der Zeitung, es gibt doch 1500 Gerettete. Ich vermute doch, daß er mit dabei ist bei diesen. Er konnte doch nichts Näheres schreiben, es ist ihm doch alles verboten worden. Um die Wahrheit zu schreiben, es ist traurig. Mein Herz weint um den Jungen, 5 Jahre von zu Hause fort und nichts zu hören. Ich bitte darum um Auskunft. Ich denke mir, er ist mit einer Strafkompanie rausgegangen. Ich bin indessen ausgesiedelt worden. Meine neue Anschrift ist Marie Matzig, Ehringshausen, Mainbacherweg 5, Kreis Alsfeld/Oberhessen. Und früher Marie Matzig, Gablonz a/N, Gebirgsstraße 20a, Sudetenland. Ich bitte doch nochmals und mein Mutterherz weint um ihn. Bitte um Antwort. Er ist bestimmt dabei.

Darmstadt, den 15. 9. 46

Mein Sohn, der Maschinenobergefreite Ludwig Beck, geb. 6. 11. 21 in Darmstadt-Arheilgen, befand sich auf einem U-Boot bei der Feldpostnummer 23837. Wir erfuhren, daß die Besatzung des Bootes gemeutert hat und in Haft genommen sei. Der Kommandant des Bootes war Kapitänleutnant von Hessenhausen. Anfang Februar 45 wurde mein Sohn als KZ-Häftling in Hamburg Hauptbahnhof von einer Bekannten gesehen. Er gab sich zu erkennen, wurde aber von der SS-Wache in den bereitstehenden Zug gestoßen. Der Zug fuhr Richtung Lübeck. Von da fehlt jede Spur über den Verbleib. Da ich mir nun sage, vielleicht war auch mein Sohn mit seinen Kameraden auf einem dieser Schiffe und mußte am Ende auch solch schrecklichen Tod erleiden, bitte ich Sie doch höflichst, bei den Überlebenden dieser furchtbaren Katastrophe nachzuforschen, ob ein Kamerad etwas über den Verbleib meines Sohnes und dessen Kameraden weiß. Ich wäre Ihnen zu großem Dank verpflichtet, falls Sie etwas Definitives erfahren, mir nur die volle Wahrheit mitzuteilen.

Mit vorzüglicher Hochachtung, Ludwig Beck.

Hamburg, den 16. 9. 46

Betr. Pol. Häftling Karl Boldt, geb. 5. 2. 87 in Boizenburg, welcher auf einem der 4 Dampfer, die am 3. 5. 45 nachmittags 15 Uhr in der Lübecker Bucht versenkt wurden, anwesend war.

Am 10. 8. 43 wurde mein Mann wegen einer politischen Äußerung von der Gestapo abgeholt und dem Konzentrationslager Neuengamme zugeführt. In seinem letzten Brief teilte mir mein Mann mit, daß er wegen einer Fußverstauchung im Revier liege, sie aber wohl nach auswärts transportiert würden. Von dieser Zeit an habe ich nichts wieder von meinem Mann gehört, und nehme ich an, daß er zu denjenigen zählt, die auf so grausame Weise ihr Leben lassen mußten. Nach Mitteilung eines ehemaligen Häftlings sollen sich alle Kranken, wozu auch mein Mann gehörte, auf dem Dampfer »Thielbek« und zwar in den unteren Schiffsräumen befunden haben. Indem ich hoffe, daß Sie meiner Bitte Gehör schenken, zeichne ich hochachtungsvoll Frau Olga Boldt.

Neustadt, 24. 9. 46

Sehr geehrte Frau Boldt!

Auf Ihr Schreiben vom 16. 9. 46 teile ich Ihnen mit, daß sich die Personalien Ihres vermißten Ehemannes bei den geborgenen Leichen der drei versenkten Schiffe nicht feststellen ließen. Die »Thielbek« erhielt von den angreifenden Flugzeugen derartige Bombentreffer, daß sie sofort gesunken ist und keine Passagiere mehr aus dem Innern des Schiffes herauskommen konnten. Mithin dürfte mit Gewißheit angenommen werden, daß Ihr Ehemann mit der »Thielbek« in der Neustädter Bucht gesunken ist.

Sass, Obermeister.

Berlin-Lichtenberg, den 8. 9. 46

Von der Marine Personal Dokumenten Zentrale beim britischen Marineoberkommando, Minden i. W., ging mir die Nachricht zu, daß mein Mann, der MA. Gefr. Otto Gube von der 7./25 Marine Ersatz Abtlg. am 21. 7. 45 tot aus der See geborgen und in einem Gemeinschaftsgrab beigesetzt worden ist. Ich gestatte mir die höfliche Anfrage, ob evtl. bei dem Toten eine goldene Armbanduhr und ein Trauring 900 Gold mit den Gravierungen MM 27. 3. 21 noch vorhanden waren, da diese Gegenstände zur genauen Identifizierung beitragen könnten. Sollte es der Fall sein, darf ich wohl um Übersendung der Uhr und des Ringes bitten. Ferner wäre ich Ihnen sehr dankbar, wenn Sie mir Angaben darüber machen könnten, in welchem Ort und auf welchem Friedhof mein Mann seine letzte Ruhestätte gefunden hat.

Für Ihre Bemühung nochmals im voraus bestens dankend,
Margarete Gube.

Neustadt 15. 9. 46

An Frau Margarete Gube in Berlin.

In Beantwortung Ihres werten Schreibens vom 8. 9. 46 teile ich Ihnen mit, daß ausweislich der hier vorliegenden Aktenvorgänge Ihr Ehemann, der Marinesoldat Otto Gube am 21.7. 46 als Leiche der in der Neustädter Bucht bombardierten Dampfer »Cap Arcona« und »Deutschland« angetrieben wurde. Bei der Leiche wurden lediglich einige schlecht leserliche Papiere vorgefunden, die nach Abtrocknen der hiesigen Standort-Kommandantur der Wehrmacht übergeben wurden. Wo dann die Papiere später verblieben sind, entzieht sich meiner Kenntnis. Eine goldene Armbanduhr und ein Trauring ist hier nicht zur Ablieferung gekommen. Es ist auch nicht anzunehmen, daß sich diese Sachen noch bei der Leiche befunden haben, da dieselben ja schon etwa 11 Wochen im Wasser gelegen hatten und teilweise auseinanderfielen. Sämtliche angespülten Leichen sind in Massengräbern beigesetzt worden und ruhen am Strand in Neustadt. Eine Aus- oder Umbettung kann keineswegs vorgenommen werden, da nicht mit Bestimmtheit gesagt werden kann, in welchem Massengrab der einzelne beigesetzt worden ist. Ich hatte seinerzeit der Wehrmachtsstandortkommandantur jeweils Meldung von dem Auffinden von verstorbenen Wehrmachtsangehörigen gemacht in dem Glauben, daß diese auch die Benachrichtigung der Angehörigen vornimmt. Leider hatte es die deutsche Wehrmacht nicht für nötig befunden, dieser Pflicht nachzukommen. Da Ihr Wohnort hier nicht bekannt war, habe ich der Dokumentenstelle Mitteilung gegeben.

Sass, Polizei-Obermeister.

Ein Trauring mit dem Namen »Yvonne«

Die Menschen in Neustadt haben den verrosteten Leib der »Cap Arcona« noch viele Jahre vor ihren Augen. Kinder, die in dieser Zeit heranwachsen und zum Schwimmen gehen, erfahren oft gar nicht, welche Geschichte sich hier ereignet hat. Den Kurgästen von Pelzerhaken erzählt man sie schon gar nicht. Wo die Stutthof-Kähne an Land getrieben sind und so viele ihrer Insassen ermordet wurden, wird der große Campingplatz »Am Hohen Ufer« angelegt.

Vier Jahre nach dem Untergang der Schiffe werden Taucher zur »Thielbek« geschickt. Sie sollen feststellen, ob das Wrack gehoben und repariert werden kann. Der Polizeimeister Sass aus Neustadt fragt bei seiner vorgesetzten Behörde in Oldenburg an:

Neustadt, den 9.10.49

An die Pol. Insp. Oldenburg i. H.

Wie mir der Vorsitzende der VVN in Neustadt, Paul Stassek, heute mitteilt, ist bei der »Thielbek« festgestellt worden, daß im Innern des Schiffes noch Hunderte von Leichen vorhanden sind, die teils an Marken und Nummern noch zu identifizieren sind. Die Taucher wollen an diese Arbeit jedoch nicht heran. Er bittet die Polizei, entsprechende Maßnahmen einzuleiten. In Anbetracht der Dringlichkeit der Angelegenheit bitte ich um einen entsprechenden Bescheid.

Sass, Pol. Insp.

Aber die Taucher bleiben bei ihrer Weigerung. Zu furchtbar ist diese Arbeit. So bleiben die Toten im Wrack, bis es im Februar 1950 gehoben und zur Reparatur nach Lübeck geschleppt wird. Darüber berichtete die *Welt* am 8. Februar 1950:

»Totenschiff ›Thielbek‹ im Hafen«

...Nach der Ankunft am Werftkai wurde das Schiff von der Staatsanwaltschaft beschlagnahmt... Trostlos hängt der rote Gefahrenstander am gekappten Vormast. Schiffswände, Decks und Aufbauten sind muschel- und schlicküberwachsen. An

Deck herrscht ein einziges Chaos. Wie von einer gigantischen Faust zerschlagen hängen die Überreste der Flakstände über die Bordwand. Im Innern des Schiffes wohnt das Grauen. In den Ecken des Zwischendecks leuchten gebleichte Knochenteile gespenstisch auf und verschwimmen im Zwielicht. Hier und da verwaschene Namensschilder in deutscher, polnischer und französischer Sprache. Das Grab einer europäischen Gemeinschaft, die noch nach fünf Jahren Zeugnis ablegt vom Todeskampf der ehemaligen Opfer. Erschüttert, mit Tränen in den Augen stehen die ersten Besucher vor dieser Stätte des Grauens ... Hunderte umsäumten am Dienstagnachmittag das Traveufer beim Einschleppen des Wracks. Hunderte ehrten die Opfer durch eine Minute stillen Gedenkens. Franz Heitgres, der Vorsitzende des Zonenvorstandes der VVN, entbot seinen unglücklich umgekommenen Kameraden den letzten Gruß der Überlebenden und des deutschen Volkes ... In sechs Monaten wird der moderne ›Fliegende Holländer‹ wiederhergestellt sein und unter deutscher Flagge, aber anderem Namen wieder die Meere befahren. Maschinen und Außenwände sind noch in bestem Zustand ... Der neue Kapitän Schacht hat bereits heute das Kommando übernommen. Zuvor aber wird am Mittwoch ein Spezialbergungskommando die letzte traurige Pflicht erfüllen.«

Der Kriminalmeister Paul Schädrich von der Wasserschutzpolizei Lübeck legt ein entsetzliches Fundprotokoll an: »13 vollständig in Fettwachs übergegangene Leichen, 19 Torsos, 175 Schädel, 29 Unterkiefer, 300 Oberschenkelknochen, zahlreiche andere kleine menschliche Knochen. Während der Hebearbeiten in der Neustädter Bucht wurden durch die Wasserschutzpolizei Neustadt in Holstein bereits zwei Leichen an Deck aufgefunden und geborgen, die auch identifiziert werden konnten. Auf dem ›Cap Arcona‹-Friedhof in Neustadt wurden die vollen Särge laufend beigesetzt. Die Identifizierung der aufgefundenen Leichen wurde unverzüglich an Bord vorgenommen, soweit bei den Leichen Erkennungsmaterial gefunden wurde. Hierbei wirkten der Leiter der Französischen Mission, Lübeck, Leutnant Auboiroux, und der Vertreter der VVN, Herr Stassek aus Neustadt in Holstein, laufend mit. Die Leichen und Knochen wurden in insgesamt 49 Särge eingebettet. Von den dreizehn vollständig aufgefundenen Leichen wurden sieben identifiziert, und zwar die KZ-Häftlinge Josef Weister aus Nickelsdorf, der KZ-Häftling mit der Nummer P 18 050 und der KZ-Häftling mit der Nummer P 19 579, die deutschen Soldaten Heinrich Betker aus Neudorf, Kreis Wel/Ukraine, Peter Becker aus Siegburg und Karl Königsmark aus Breslau, außerdem der Besatzungsangehörige der ›Thielbek‹ Hans Drechsel aus Klein-Neuschönberg in Sachsen. In Briefschaften, die teilweise in fertig gepackten Tornistern und teilweise lose im Schlick liegend aufgefunden wurden, sowie in Gasmasken und täglichen Gebrauchsgegenständen wurden insgesamt 66 Namen von Soldaten und SS-Angehörigen, die sich als Wachkommando an Bord befunden haben, festgestellt.

Beim Untergang des Dampfers ›Thielbek‹ waren etwa 2 800 Häftlinge an Bord. Nach Abschluß der Bergungsarbeiten wurden Leichen und Leichenteile von nur etwa 200 Personen (gezählt an Schädeln) gefunden. Diese verhältnismäßig kleine Zahl von geborgenen Leichenresten im Vergleich zu der hohen Zahl von Ertrunkenen und Vermißten steht im krassen Widerspruch. Dieser Widerspruch wird aber aufgehoben, wenn man folgende Rekonstruktion des Vorganges beim und nach dem Untergang zugrunde legt:

Das Schiff wurde von sieben Raketengeschossen kleineren Kalibers (ca. 30 kg) unter Wasser getroffen und ging in etwa 20 Minuten unter. Beim Untergang selbst sind schon durch das aufsteigende Wasser im Schiffsinnern viele Personen aus dem Schiff herausgetrieben worden. Dieses beweisen auch die Augenzeugenaussagen, daß nach dem Unfall unzählige Personen im Wasser schwammen. Nach dem Untergang hat sich das Schiff auf die Backbordseite gelegt. Sämtliche Lukendeckel sind weggeschwemmt worden, so daß die Luken nunmehr offenstanden. Durch Strömung und Wellenschlag sind dann viele Leichen, die im Schiffsinnern trieben, herausgeschwemmt worden, so daß nur noch ein kleiner Rest zurückblieb, der jetzt beim Bergen aufgefunden wurde. Nur so ist die geringe Zahl der geborgenen Leichenreste zu erklären.«

Viele alte Löffel werden gefunden. KZ-Stoffnummern. Der Brief von Frau Ellen Kosse aus Berlin an den Häftling Adam Ilyk. Die Zahlungsanweisung von Alexandra Rajgrodski aus Stockholm an die Gefangene Gerda Salmanns. Der Brief des Roßschlächters Gustav Büter aus Minden an den Gefangenen Friedrich Büter. Briefe von Thea Coors aus Hamburg-Harburg, Großer Schippsee 1, an ihren Mann, den KZ-Gefangenen Heinrich Coors. Der Brief an den polnischen Häftling Tadeusz Rakowski von seiner Mutter. Der Löffel des sowjetischen Soldaten Korobeinikow mit kyrillischen Schriftzeichen und dem Datum 5. 8. 42. Ein Rasierapparat mit der Namensaufschrift Debels. Die Herrentaschenuhr von Emile Durand, 163 rue de Metz, Pompey, mit dem Datum seiner Hochzeit, 27. 12. 1924, und dem Namenszug »Yvonne«.

Die Menschen in Neustadt haben die Überreste der Katastrophe noch viele Jahre lang vor ihren Augen: Bis 1950 liegt der verrostete Leib der »Cap Arcona« gekentert in der Neustädter Bucht. Dann wird das Wrack in jahrelanger Arbeit von Tauchern unter Wasser mit Sprengpatronen zerlegt. Die Wrackteile werden auf der Pier in Neustadt von Zeichnern und Fotografen der englischen Motorenfabrik Rolls Royce in allen Details aufgenommen und registriert. Die Firma hat die Raketen produziert. Sie möchte dokumentieren, wie wirkungsvoll ihre Waffen sind.

Dann werden die Überbleibsel zerschnitten und zum Verschrotten verladen.

Die »Thielbek« wird repariert und unter dem Namen »Reinbek« wieder in Dienst gestellt. 1961 verkauft die Hamburger Reederei Knöhr und Burchard Nachf. das Schiff, das dann unter der Flagge Panamas fährt. Zuerst hat es den Namen »Magdalene«, später heißt es »Old Warrior«. 1974 wird es in Split in Jugoslawien verschrottet.

Die »Athen«, die kaum beschädigt ist, wird im März 1946 als Reparationsleistung an die Sowjetunion abgeliefert und heißt dann »General Brusilow«. Am 27. Mai 1947 übergeben die Sowjets das Schiff an die Volksrepublik Polen. Unter dem Namen »Warynski« fährt es viele Jahre für die »Polish Line« von Gdingen über Hamburg nach Buenos Aires. 1973 hat es ausgedient und liegt danach als eine Art schwimmender Speicher im Hafen von Stettin mit der Bezeichnung »NP-ZPS8«.

Das ist das mindeste, was ich für die armen Kerls tun konnte

Der Strand zwischen Neustadt und Grömitz hat sich in einen Friedhof verwandelt. Überall sind die vielen tausend Toten der Schiffskatastrophe begraben. Schon im September 1945 gibt der Gendarmerieposten Timmendorferstrand die Meldung ab: »... wurden bis heute 751 angeschwemmte Leichen geborgen. Die Leichen wurden soweit möglich erkennungsdienstlich behandelt.«

Noch nach Jahrzehnten werden hier immer wieder Leichenteile angeschwemmt. Die Kurverwaltungen versuchen das geheimzuhalten. Ende Mai 1971 findet der zwölfjährige Sohn Dirk eines Hamburger Versicherungsinspektors auf dem Campingplatz »Am Hohen Ufer« ein menschliches Skelett, »die völlig erhaltenen Gebeine eines jungen Mannes«. Dann stopfen sie »den Klumpatsch«, so nennen sie das, in einen Plastikeimer und rufen die Polizei in Neustadt an. Am nächsten Morgen holt der Kriminalbeamte Klaus Grage den Eimer ab: »Das ist was ganz Alltägliches. Wir wissen schon: Das sind wieder unsere ›Cap-Arcona‹-Leichen. Davon finden die Leute so zwanzig bis dreißig Stück im Jahr.«

Für manche Leute allerdings ist dies nichts Alltägliches. Jedes Jahr am 3. Mai kommen die ehemaligen Widerstandskämpfer und KZ-Gefangenen am »Cap Arcona«-Ehrenmal in Neustadt zusammen. Zum 45. Jahrestag des Massensterbens, am 3. Mai 1990, kommt sogar der Ministerpräsident von Schleswig-Holstein, Björn Engholm.

Auch in den Nachbargemeinden von Neustadt, zum Beispiel in Scharbeutz wird an den Ehrenmalen für die »Cap Arcona«-Opfer der Toten gedacht. Es sind immer nur einige wenige Menschen. Als ich mit meiner Tochter Carolin 1980 am Ehrenmal in Grömitz stehe, wo auch viele hundert »Cap Arcona«-Tote angetrieben und begraben wurden, wundert sich eine alte Frau:

»Sie sind die ersten seit zehn Jahren.« Sie heißt Dr. Hilde Büttner und ist pensionierte Ärztin des Kreiskrankenhauses in Neustadt. Viele der »Cap Arcona«-Opfer hat sie damals behandelt. Schußverletzungen, Brandwunden, Unterernährung, Tuberkulose. Viele sind gestorben, viele hat sie gesund gepflegt. Den Toten bringt sie Blumen.

Auch auf dem anderen Ufer der Neustädter Bucht treiben viele Tote der »Cap Arcona« und der »Thielbek« an. Im Gebiet zwischen Pötenitz und Niendorf in Mecklenburg sind es 545. Sie werden in einem Massengrab am Tannenberg in Grevesmühlen beerdigt. Die neunzig Ertrunkenen, die am Strand der Insel Poel gefunden werden, begräbt man am Schwarzen Buch. Dort steht heute, hoch über der See, ein Ehrenmal aus einer geschwungenen Bruchsteinmauer. Davor eine Stele und drei Holzbohlen, in denen die Leichen sich verfangen hatten. Die Leute von Poel haben dies Denkmal allein gebaut. »Wir wollten mal zeigen, wie wir denken«, sagt der Bürgermeister Fritz Reich. Er ist am Ende des Krieges als Soldat hierhergekommen und hat beim Bergen der Leichen mitgeholfen. Auch sein Freund, der Maurer Karl-Heinz Rust. Der hat in seiner Freizeit diese lange Mauer gebaut. »Das ist das mindeste, was ich für die armen Kerls von der ›Cap Arcona‹ tun konnte.« Die Schüler von Poel tragen einen ganzen Sommer lang Kieselsteine vom Strand der Insel in Körben zum Ehrenmal hinauf, um den Platz vor der Gedenkstätte damit auszulegen. Solange es die DDR gibt, lädt die Stadt Grevesmühlen die Überlebenden der »Cap Arcona«-Katastrophe mit ihren Angehörigen jedes Jahr zu einem Essen ein. Wenn sie es wünschen, können sie in Ferienheimen von Grevesmühler Betrieben an der Ostsee Urlaub machen. Und wenn einer der Überlebenden stirbt, fahren zwei Ratsmitglieder aus Grevesmühlen zur Beerdigung.

Auch heute noch werden traditionell am 3. Mai Kränze in der Gedenkstätte niedergelegt. Im Heimatmuseum von Grevesmühlen gibt es seit dem 3. Mai 1994 eine Dauerausstellung über die Häftlinge der »Cap Arcona«.

Ein Opfer wird gesucht wegen Mordes

Im Sommer 1980 sucht der Hamburger Oberstaatsanwalt Harald Duhn nach einem SS-Unterscharführer Heinrich Wiehagen. Der Mann, von Beruf Lehrer, hat in einer Hamburger Schule jüdische Kinder erhängt. Duhn findet heraus, daß Wiehagen später auf der »Cap Arcona« gewesen ist. Nach dem Angriff der englischen Flugzeuge, als das Schiff brennt und die KZ-Gefangenen in Panik von Bord springen wollen, hindert er sie daran und schießt mit seiner Maschinenpistole auf sie. Bis er selbst ins Wasser springen muß. Dort schlägt ein russischer Gefangener ihm einen Holzscheit auf den Kopf. Wiehagen geht unter. Jahre später wird er vom Amtsgericht in Lübeck für tot erklärt.

Damit hätte der Oberstaatsanwalt Duhn seine Suche nach dem SS-Mörder Wiehagen abschließen können. Er tut es nicht. Er leitet ein Ermittlungsverfahren gegen den unbekannten Russen ein. Wegen Mordes.

Ein Staatsanwalt legt dreizehn Jahre lang Akten an

Deutschland ist ein merkwürdiges Land. Es gibt zwei unterschiedliche Kulturen: In ihren Gedenkreden versprechen die Politiker ein »Nie wieder!« des Holocaust. Die Praktiker sorgen dafür, daß dies keine Folgen hat. Auschwitz wird zu einem deutschen Gedenktag. Das Vernichtungslager Auschwitz zerfällt. Die Mörder des 3. Mai 1945 werden nicht bestraft.

Am Strand von Neustadt wird ein großer Campingplatz gebaut. Störend daneben steht ein Denkmal für die Toten der »Cap Arcona«.

Die Geschichte wird so gründlich entsorgt, daß man selbst die Akten verschwinden läßt. Das 1950 eingestellte Ermittlungsverfahren gegen den Kapitänleutnant Friedrich Ziemann aus Neustadt wegen Verbrechens gegen die Menschlichkeit ist nicht mehr aufzufinden, weder im Landesarchiv, noch im Archiv der Staatsanwaltschaft in Lübeck. Die Akten des Kreises Eutin sind 1975 vernichtet worden – in einer »Nacht-und-Nebel-Aktion«, sagt der Schleswiger Landesarchivar Witt.

Längst haben die Opfer und ihre Angehörigen resigniert. Was können sie von diesem Deutschland erwarten?

Es gibt einen letzten Versuch. 1984 macht die Hamburger Rechtsanwältin Barbara Hüsing bei der Staatsanwaltschaft Lübeck eine Strafanzeige gegen Unbekannt im Namen von Maria Tobiszewska-Garncarek, der Tochter eines Ermordeten. Über den Tod ihres Vaters Józef Garncarek hat Wladyslaw Tobiszewski berichtet: »Wir wurden auf einen Kahn verladen und blieben zusammen bis zur Landung in den frühen Morgenstunden am 3. 5. 1945 auf einer Sandbank in einer Entfernung von zirka 200 Meter von der Küste bei der Stadt Neustadt in Holstein. Herr Garncarek war so schwach, daß er den Kahn nicht verlassen konnte. Wegen des großen Hungers habe ich mit einem Kollegen einen toten Fisch gefangen und diesen aufgegessen. Danach stiegen wir in das uns bis an die Arme reichende kalte Wasser und wateten bis zur Küste ... Wir gingen in Richtung einer Kaserne, wo uns etliche dort Wachdienst tuende junge Soldaten anhielten. Sie waren nicht brutal, offerierten uns Zigaretten und befahlen sich sofort an die Küste in der Nähe der gestrandeten Kähne zu begeben ... Kurz darauf erschien eine Gruppe von SS-Männern, welche uns brutal in die Reihen drängten, wobei sie auf die aus den Kähnen herausgetragenen nicht bewegungsfähigen Häftlinge schossen. Danach bestiegen sie ein Boot und fuhren zu den Kähnen, und in unseren Augen erschossen sie mit Maschinengewehrsalven alle männlichen und weiblichen Häftlinge, welche nicht imstande waren, die Kähne zu verlassen, darunter auch Józef Garncarek.«

Am 26. Juni 1984 leitet Staatsanwalt Günter Möller das Ermittlungsverfahren ein. Er sammelt Akten. Selbst macht er keine Vernehmungen, er läßt die Polizeibeamten Romanski und Hanel für sich arbeiten.

Am 19. Juli 1985 sagt Hans-Hermann Bödecker aus. Damals war er Marinesoldat in der U-Boot-Schule Neustadt. Die Häftlinge seien Kriminelle gewesen. Die Erschießung eines Häftlings, »der sowieso schon dem Tode nahe sei«, war »human«.

Ein Anführer des Erschießungskommandos heißt Herbert Nötzel. Er gibt zu, im Barackenlager am Sandberger Weg als Feldwebel von Kapitänleutnant Ziemann den Befehl erhalten zu haben, »die Häftlinge der gestrandeten Gruppen einzusammeln und zurück zur Kaserne zu führen. Ich war so etwas wie ein Gruppenführer.« In seiner Schilderung wird aus dem Massenmord am Strand eine Geschichte menschlicher Hilfsbereitschaft: »Als wir an den Strand kamen, ... sah ich querab eine gestrandete Schute liegen. Die Häftlinge bemühten sich, den Strand zu erreichen. Eine junge Frau, ebenfalls Häftling, kam auf mich zu, wrang ihre nasse Kleidung aus und sagte zu mir, daß sie Hunger habe, sie sei doch eine Deutsche. Ich war davon so beeindruckt/erschüttert, daß ich meine Milchsuppe aus dem Lager holte und ihr diese überreichte. In dem Moment kam ein mir unbekannter Bootsmann der Reserve (angeblich Parteigenosse nach seinen eigenen Angaben), riß seine Pistole aus dem Futteral und legte auf mich an. Ich zog meine Pistole ebenso schnell und richtete sie auf ihn. Mit den Worten, daß dies noch Folgen für mich haben würde, zog er sich zurück. Danach habe ich mich zurück in das Barackenlager begeben. Zu dem weiteren Ablauf der Geschehnisse kann ich keinerlei Angaben machen. Ich habe mich praktisch vom Strand abgesetzt. Ich habe so gehandelt, weil ich nicht mitansehen konnte, wie die gestrandeten Häftlinge in der Kälte gelitten haben. Ich habe keine Schüsse gehört«.

Dem Staatsanwalt Günter Möller fällt an dieser Aussage nichts auf. Nicht, daß die Geschichte mit der Milchsuppe von keinem der ausgehungerten Gefangenen berichtet wird. Nicht, daß niemand sonst gesehen hat, wie sich zwei deutsche Unteroffiziere mit Pistolen bedrohen. Nicht, daß der Feldwebel keine Schüsse gehört hat, während dreihundert Menschen erschossen werden.

Nichts fällt dem Staatsanwalt auf. Er heftet die Aussage des Feldwebels Herbert Nötzel in die Akten, ordnet keine Nachvernehmung an und keine Gegenüberstellung mit den Überlebenden.

Dreizehneinhalb Jahre dauert dieses Aktenabheften des Staatsanwalts Möller, der inzwischen zum Oberstaatsanwalt befördert wird. Die Anfragen und Mahnungen der Rechtsanwältin Hüsing werden immer erst nach Monaten und weiteren Anmahnungen hinhaltend beantwortet.

Am 17. Juni 1997 schreibt die Anwältin an den Kieler Justizminister Gerd Walters:

»Aus den Akten ergibt sich eine oft monate- und jahrelange Untätigkeit des Oberstaatsanwalts in diesem Verfahren ... Der Oberstaatsanwalt hat sich auf die Archivierung von Vernehmungsprotokollen der Kriminalpolizei beschränkt, bei Tatverdächtigen keine Nachvernehmungen zur Widerlegung von offensichtlichen Schutzbehauptungen und Unwahrheiten durchgeführt, keine Lichtbildvorlagen bei den Zeugen veranlaßt, keine Gegenüberstellungen angeordnet. Sofern die mir vorgelegten Akten vollständig sind, hat Oberstaatsanwalt Möller eigene Vernehmungen von möglichen Tatverdächtigen überhaupt nicht durchgeführt.

Seit zehn Jahren ist die Ermittlungsarbeit nahezu zum Stillstand gekommen. Über Zeiträume bis zu vierundzwanzig Monaten ist, von zwei Briefen abgesehen, in den Ermittlungsakten kein einziger Vorgang zu erkennen.

Nach einem Schreiben der Landespolizeidirektion Freiburg vom 7.7.87 ... ist in fünfeinhalb Monaten nichts weiter abgeheftet. Dann folgt ein Schreiben der Zentralen Stelle vom 29.12.87..., das zwei Monate später beantwortet wird ... Weitere sieben Monate ist nichts abgeheftet. Auf eine Anfrage von mir vom 6.9.88 ... folgt wieder vier Monate nichts. Dann, nach einer Anfrage der Zentralen Stelle vom 31.1.89 ... folgt wieder 16 Monate nichts. Ähnlich geht es dann weiter.

Am 10.3.92 ... fragt die Zentrale Stelle nach dem Sachstand. Der Brief bleibt unbeantwortet. Am 3.7.92 ... mahnt die Zentrale Stelle eine Antwort an. Am 18.8.92 ... erfolgt eine Antwort des Oberstaatsanwalts an die Zentrale Stelle: Ermittlungen dauern an und werden noch geraume Zeit andauern.

...Nachdem Oberstaatsanwalt Möller mir durch Schreiben vom 12.12.90 zu erkennen gegeben hatte, daß er in dieser Sache nichts weiter zu tun gedenke und das Verfahren mangels Tatverdachts einstellen wolle, habe ich ihm am 4.1.91 mitgeteilt, daß nach wie vor Tatverdacht vor allem gegen ...[26] bestehe.

Die von mir erhobene Forderung nach Nachvernehmungen, Einholung von Dokumenten bei der Wehrmacht-Auskunftsstelle und dem Document Center beantwortete Oberstaatsanwalt Möller am 21. Mai 1991 damit, daß er zur Überprüfung der Akten ›nicht vor September 1991‹ komme.

Zweieinhalb Jahre nach meiner Aufforderung wurde am 1.7.93 N. ein zweites Mal durch einen Polizeibeamten vernommen: ›... Es ist aber alles so abgelaufen, wie ich es in meiner ersten Vernehmung bereits geschildert habe ... Die Soldaten waren alle damit beschäftigt, die gestrandeten Häftlinge einzusammeln. Aber auch hier ist es zu keinen Tötungshandlungen oder Tätlichkeiten gekommen ...‹

Vorhalte sind ihm nicht gemacht worden. Die Protokollierung einer solchen Aussage wird man nicht als ernstzunehmende Ermittlung bezeichnen können.

Auch die anderen noch lebenden Verdächtigen ... äußerten sich – ohne Vorhalte – ähnlich unglaubwürdig. Zum Beispiel:

P. erklärt am 25.6.93: ›... Es mag zwar unglaubwürdig klingen, aber es war so, daß nicht wir, ich eingeschlossen, als Transportbewacher vom Strand zum Sammelplatz die zu schwachen Häftlinge erschossen haben, sondern Marinesoldaten ...‹

B. erklärt am 30.6.93: ›... Ich habe zumindest keine Erschießungen gesehen, glaube aber, daß am Strand Leichen lagen, die wir verscharren sollten ...‹

K. erklärt am 29.6.93: ›... daß ich nichts davon weiß, daß Häftlinge, die ich von Stutthof nach Neustadt/Holstein begleitet habe, erschossen worden sein sollen. Ich habe davon noch nie etwas gehört ...‹

K. erklärt am 9.6.93: ›... Mir und den anderen drei wurde gesagt, ich meine hiermit befohlen, daß wir an den Strand gehen sollen und dort Ordnung schaffen sollen ... Ich habe gesehen, daß von einigen Häusern, die unmittelbar am Strand standen, auf die Häftlinge geschossen wurde. Einige Häftlinge waren zu diesem Zeitpunkt schon tot ... Wir haben dann etwa

26 Hier folgen die Namen von sieben Personen

sieben oder acht Schüsse auf die Dächer der Häuser abgegeben. Dann wurde das Feuer aus den Häusern eingestellt ...‹.

Da es sich in allen Fällen um unglaubwürdige und wahrscheinlich widerlegbare Schutzbehauptungen handelte und der Tatverdacht sich verstärkt hatte, hätte der Oberstaatsanwalt weitere Ermittlungen anordnen müssen. Das gilt insbesondere für die neu vorgebrachte Behauptung von K., die Schüsse seien aus den Häusern am Strand abgegeben worden und sie, die SS- bzw. Marineleute, hätten durch Zurückschießen die Häftlinge geschützt.

Oberstaatsanwalt Möller hat jedoch auch diese neuen nicht glaubhaften Aussagen lediglich der Akte eingeordnet und nichts weiter veranlaßt. Seit dieser Zeit – November 1993 – ist nach der Akte überhaupt keine Ermittlungstätigkeit des Oberstaatsanwalts mehr zu erkennen.

Er teilte lediglich der Zentralen Stelle – nach zweiter Aufforderung – am 9. 5. 95 mit, die ›Einstellung der Verfahrens scheint unumgänglich‹. Der briefliche Hinweis von Frau V. am 20. 4. 95, ein Zahnarzt K. aus Neustadt sei Anstifter der Mordtaten, wird nicht bearbeitet, hinterläßt jedenfalls keine Spuren in der Akte.

Ich weise noch auf zwei weitere Fälle hin, in denen Oberstaatsanwalt Möller untätig geblieben ist, obwohl eine Ermittlungstätigkeit zwingend gewesen wäre:

Der ehemalige Marineangehörige S. hat am 25. 2. 85 gegenüber der Polizeibeamtin H. erklärt: ›Ich sah, wie am Strand Leute erschossen und ins Wasser geworfen wurden ... Ich nahm mir ein Fernglas und konnte damit feststellen, daß es Leute in Marineuniform waren, die da schossen.‹ Weiter erklärte er: ›Noch während all dieser Beobachtungen kam ein Offizier unserer Jagdgruppe, ein Kapitänleutnant, dessen Name mir unbekannt ist, und gab uns den Befehl, daß wir Häftlinge, die an Land kämen und gefährlich werden, erschießen sollten.‹

Dieser Augenzeuge der Erschießungen am Strand ist Tatverdächtigen nicht gegenübergestellt worden. Nach dem erwähnten Kapitänleutnant, der den Befehl zum Schießen erteilt hat, ist praktisch nicht gefahndet worden.

Der ehemalige Marineangehörige K. hat am 24. 2. 87 gegenüber dem Polizeibeamten H. erklärt: ›Die Angehörigen der Nachhut erzählten, daß sie von den Schiffen, im Fahrwasser des Neustädter Hafens fahrend, mit Maschinenwaffen und Handfeuerwaffen auf am Ufer gegenüber der jetzigen Marineschule laufende Menschen geschossen haben. Kapitänleutn. O. rechtfertigte kurze Zeit später das Schießen mit dem Bemerken, diese Menschen wären Plünderer gewesen und hätten die Bevölkerung gefährdet.‹

Nachforschungen von Oberstaatsanwalt Möller nach O. gehen aus der Akte nicht hervor, obwohl der Zeuge K. konkretisiert hatte, O. solle damals etwa 30 Jahre alt gewesen sein und aus einer Villengegend in Dortmund stammen.

Die Untätigkeit des Oberstaatsanwalts Möller war bei seinen Vorgesetzten und Weisungsbefugten keineswegs unbekannt ... Ministerpräsident Björn Engholm ... hat Auskünfte des Justizministers Klingner eingeholt ... Staatssekretär Jensen ... teilte ... am 15. Februar 1993 telefonisch mit, Oberstaatsanwalt Möller sei für weitere vier Wochen zu anderen Aufgaben abgeordnet.

Der Lübecker Bischof Karl Ludwig Kohlwage hat in einem Gespräch Anfang Mai 1995 den Generalstaatsanwalt Ostendorf auf die lange Dauer des Ermittlungsverfahrens hingewiesen.

Ich bitte Sie, mich über die von Ihnen angeordneten Maßnahmen zu informieren.«

Wieder muß die Rechtsanwältin Hüsing einen Monat warten. Dann schreibt ein Kanzleiangestellter, der Minister bitte um Geduld. Ein Vierteljahr nach dem Brief der Anwältin antwortet der Minister, er bitte um weitere Geduld, weil nun »die Ermittlungen in den nächsten Monaten – jedenfalls noch im Laufe des Jahres 1997 – abgeschlossen werden können«. Er sehe »die lange Verfahrensdauer mit Sorge« und werde »diesem Verfahren mein Augenmerk in besonderer Weise widmen«. Außerdem dankt er der Anwältin »für Ihr Verständnis«.

Kein Wort darüber, daß nach dem Paragraphen 258a des Strafgesetzbuches die Strafvereitelung im Amt mit »Freiheitsstrafe von sechs Monaten bis zu fünf Jahren«, in minder schweren Fällen nur »Freiheitsstrafe bis zu drei Jahren oder Geldstrafe« bedroht ist. Auch der Versuch ist strafbar. Strafvereitelungen sind zum Beispiel das »Liegenlassen der Sache«. Das kann aber auch Rechtsbeugung sein, die mit Gefängnis von einem bis zu fünf Jahren bestraft wird. Der Bundesgerichtshof in Leipzig hat entschieden: Die Nichtbearbeitung von Strafanzeigen kann den Tatbestand der Rechtsbeugung erfüllen. Dabei geht es allerdings um einen Staatsanwalt der DDR, an den unsere Justiz härtere Maßtäbe anlegt.

Mit den eigenen Leuten in Kiel geht man sanfter um: Statt dem Oberstaatsanwalt Möller als erstes den dreizehn Jahre liegengelassenen Fall zu entziehen und ihn einem anderen Staatsanwalt in einer anderen Staatsanwaltschaft zu übertragen, gibt der Minister ihm Rückendeckung, damit er dalli-dalli das verschlampte Verfahren so schnell wie möglich abschließen, also einstellen kann.

Auch die Mörder der Stutthof-Gefangenen werden ohne Strafe bleiben, wie so viele, viele Nazi-Mörder in Deutschland.

Ich kann nicht mehr leben, ich bin schuld an Ruschkas Tod

In Haifa lebt die Schwester von Ruschka Markus. Sie ist nach dem Krieg von Schweden nach Israel gegangen, ist Lehrerin geworden, hat geheiratet und heißt jetzt Dina Huberman. Niemals hat sie den Augenblick vergessen, als sie am Strand von Pelzerhaken den SS-Mann »mit dem menschlichen Gesicht« fragt, was sie mit ihrer Schwester Ruschka tun soll. Sie sei zu schwach, um weiterzugehen. Fast jede Nacht träumt sie davon, wie der Mann zu ihr sagt, sie soll ihre Schwester an den Baum setzen, wie er dann sein Gewehr nimmt und sie erschießt.

Warum ist sie zu dem SS-Mann gegangen? Wie kann sie einen solchen Mann fragen? Warum hat sie auf ihn gehört und ihre Schwester an den Baum gesetzt? Ihre tiefen Depressionen enden in Verzweiflung: Ich kann nicht mehr leben, ich bin schuld an Ruschkas Tod.

Jizhak Reichenbaum, ein Freund von mir, besucht sie: »Dina Huberman leidet schrecklich unter Schuldgefühlen. Ich habe bis jetzt noch keinen anderen Überlebenden des Holocaust getroffen, der sich dermaßen mit Schuldgefühlen quält wie diese Frau. Sie erwähnte auch, daß sie verschiedentlich an Selbstmord gedacht habe. Ihr Überleben sei sinnlos, da ihre Schwester umgekommen sei. Ihre Freundin Hella Katz ist ein starker Mensch, dem es gelungen ist, das Erlebte zu verarbeiten und damit zu leben. Nicht so Dina Huberman. Sie kann mit ihren Erinnerungen nicht fertig werden, obwohl sie nach außen hin ein normales Leben führt. Sie hat Kinder, hat einen Beruf erlernt und übt ihn auch aus, aber innerlich ist sie gebrochen und leidet ständig unter den schrecklichen Erlebnissen im Holocaust. Vielleicht wird es ihr gut tun, wenn ihrer Schwester nun gedacht wird.«

Dina Huberman möchte auf eigene Kosten eine Gedenktafel am Grab ihrer Schwester anbringen. Aber die Stadt teilt mit, das Grab von Ruschka Markus könne man nicht mehr finden.

Soll nicht der Weg am Strand in Pelzerhaken, der keinen Namen hat, nach Ruschka Markus benannt werden, frage ich mich. Frage auch den damaligen Ministerpräsidenten Björn Engholm. Er ist bereit, für Dina Huberman und Hella Katz die Reise von Israel nach Pelzerhaken zu bezahlen.

Die SPD bringt diesen Vorschlag im Stadtparlament von Neustadt ein. Die CDU-Mehrheit lehnt ihn mit der Begründung ab, eine Benennung nach einem einzelnen Opfer wäre ein Unrecht gegenüber den anderen. Statt dessen bittet mich der Bürgermeister Kratzmann, Dina Huberman zum Neustädter Stadtfest einzuladen: »Die Stadt wird bemüht sein, gegebenenfalls kurzfristig für die Betreffende ein Quartier zu besorgen, um damit ihren Anteil zum Gelingen des Aufenthaltes beizusteuern«. Er bittet mich, diese Einladung an Dina Huberman weiterzuleiten. Ich antworte ihm: »Ich kann mir nicht vorstellen, daß Sie wirklich glauben, eine jüdische Frau werde in einer Stadt, in der ihre Schwester ermordet worden ist, in der die Mörder ihrer Schwester nicht ermittelt und nicht verurteilt worden sind, in der – unter Ihrer Mitwirkung – die Benennung eines Weges nach ihrer Schwester als einem der jüngsten jüdischen Opfer abgelehnt worden ist, in der das Grab ihrer Schwester zerstört worden ist und die sterblichen Überreste nicht mehr auffindbar sind, an einem Stadtfest teilnehmen und einen Erholungsurlaub machen.«

Ich leite die Einladung nicht weiter.

Und was ist heute?

Viele Menschen haben mich bei den Recherchen zu diesem Buch gefragt: Warum schreibst du das? Laß doch die Toten ruhen!

Tote kann man nur ruhen lassen, wenn man aus ihrem Leben gelernt hat. Sonst wiederholt sich die Grausamkeit der Geschichte, wenn wir nicht verstehen lernen, wer ihr Räderwerk treibt, wer Opfer ist und wer Täter.

Schnell sind die Nazis vergessen gemacht worden, schnell ihre Verbrechen, schnell ihre Opfer. Es gibt vier Bücher über die Geschichte der Stadt Neustadt und den Kreis Holstein. Zwei erwähnen die Bombardierung der beiden KZ-Schiffe und den Tod von mehr als 7000 Menschen gar nicht. Das dritte Buch ist 1982 erschienen: *Das neue Neustadt-Buch* von Johannes Hugo Koch. 15 Zeilen findet man darin über die »Cap Arcona«. Nichts über den Massenmord an den Stutthof-Häftlingen. Statt dessen liest man, daß »freigelassene Ausländer« die »Geschäfte und Wohnungen der Neustädter teilweise bis auf das letzte Stück ausplünderten« und daß die in der U-Boot-Schule untergebrachten Überlebenden »sich größter Freiheiten erfreuten« und »mit Heizungs-, Strom-, Wasser- und Gasverbrauch nicht sparten ... Nur langsam zog in der nächsten Zeit wieder Ordnung ein.«

In unserem Lande ist die alte Ordnung wieder eingezogen. In die U-Boot-Schule in Neustadt, in die am 12. Mai 1937 »mit klingendem Spiel die von Kiel-Wik hierher verlegte Unterseebootschule« einzog – so das *Neue Neustadt-Buch*, da zog 1956 die Bundesmarine ein.

Auf dem Fliegerhorst Faßberg ist auch wieder alles wie damals. Aus dem kralligen Reichsadler an der »Alten Wache« ist das Hakenkreuz herausgemeißelt worden. Der Nazi-Vogel wird nun als »Bundesadler« angesehen, das Gebäude heißt im Sprachgebrauch der Flieger immer noch die »Hermann-Göring-Wache«. Gern besuchen die ehemaligen Hitler-Offiziere und -Soldaten ihre alte Wirkungsstätte. »Die alten Herren der Traditionsverbände wollen nur mal sehen, wo sie damals im Einsatz waren«, glaubt der Presseoffizier, Hauptmann Raabe. Und da dieser winzige Ort Faßberg heute genau wie in der Nazi-Zeit von nichts anderem lebt als von Kriegsfliegern, sind sie überall im Geist dabei: Die »Mölders-Straße« heisst nach dem Jagdflieger Werner Mölders, dessen Kriegserfolge im Dritten Reich vor allem für die Propaganda unter der Jugend eingesetzt wurde: Er hatte schon mit der »Legion Condor« 14 spanische Flugzeuge abgeschossen und im Zweiten Weltkrieg für seine 115 Luftsiege von Adolf Hitler als erster die »Brillanten zum Ritterkreuz mit Eichenlaub und Schwertern« erhalten.

Der alte Riesenbunker »Valentin« steht ebenfalls noch unzerstört an der Weser bei Bremen-Frage. Genutzt wird er wie damals von der Kriegsmarine. Der ehemalige Sowjet-Oberleutnant Aleksander Machnew hat über diesen verfluchten Klotz geschrieben: »›Valentin‹ war eine befestigte Fabrik, in der bei jeder Bombardierung weitergearbeitet werden konnte und dessen Wände die Stärke von fünf Metern besaßen. Unser Häftlingskommando bestand aus etwa zweitausend Menschen. Wir lebten vom Bunker ›Valentin‹ etwa vier Kilometer entfernt, ebenfalls in einem Bunker, allerdings von ganz anderem Typ. Es war eine runde Betongrube mit einem Durchmesser von etwa 70 bis 80 Metern und etwa 15 Meter tief. Die Lebensbedingungen waren außerordentlich schwer. Die meisten starben vor Hunger. Aber die Deutschen füllten unser Kommando immer wieder aufs neue mit Menschen. Dann kamen Transporte aus Frankreich, Griechenland und Mazedonien. Als Italien kapitulierte, jagte man im Mai oder Juni etwa 200 Italiener hierher. Sie kamen aus Sizilien, Neapel, Rom, Mailand. Von all diesen lebte schließlich nur noch einer: Lucio. Er wurde durch die Unterstützung des Koches am Leben erhalten. Auch der Blockälteste half dabei. Einfach weil er, Lucio, sein Handwerk, Barbieren und Haarschneiden, so gut verstand.«

Für die Opfer von »Valentin« haben Bremer Antifaschisten 1983 ein kleines Denkmal vor den Klotz gestellt.

Es ist nicht die Zeit, die sich gewandelt hat. Es sind die Menschen, die aus der Vergangenheit gelernt und die Gefahr des Faschismus begriffen haben. Sie haben auch aus der Geschichte der »Cap Arcona« gelernt.

Hat auch der Marinepfarrer Martin Redeker aus der Geschichte gelernt? Er hatte die am Strand von Pelzerhaken Erschossenen als »meist ostjüdische Gefangene« qualifiziert und für ihren Tod »die Dämonen des Krieges« verantwortlich gemacht. Nun findet er eine neue Heimat bei der CDU und wird in den Kieler Landtag gewählt. Niemand erinnert ihn an seine früheren Gedenkpredigten für die »Helden, die sich freiwillig hingaben für die Idee des Führers und starben, damit das Dritte Reich erstünde, damit Großdeutschland lebe«. Für ihn wurde schon Jesus Christus »verfolgt von der großen Organisation des Weltjudentums seiner Zeit«. Und: »Was im Weltjudentum und im Materialismus an satanischer Kraft der Zersetzung sich zusammenballt, sehen wir allzu deutlich. Aber darüber hinaus: Bei uns selbst ist dieser Feind! ... Jesus nahm in letzter Schärfe den Kampf mit dem Judentum auf ... Jesus weiß sich als den Herrn des Lebens, der das Reich Gottes bringt, das die politischen Hoffnungen des Judentums gerade verneint. Darum wählt er ein Bild, das zuerst die Menschheitssehnsucht nach einem himmlischen Erlöser in einem arischen Volke geprägt hat: Menschensohn!«

Nach dem Kriege behauptet er: »Kurz vor Schluß des Krieges konnte ich zirka 400 Juden beim Untergang eines Schiffes unter Einsatz meines Lebens vor dem Ertrinken retten.« Die Überlebenden haben am Strand von Pelzerhaken den Marinepfarrer nicht gesehen.

Im braunen Klima Schleswig-Holsteins nach dem Kriege macht dieser Mann, Mitglied der Nazi-Partei seit 1934, seine Karriere: Er bestimmt als Direktor des Theologischen Seminars und des Sozialethischen Instituts der Kieler Universität die Richtlinien der Bibelauslegung und der Ethik in Schleswig-Holstein. Er läßt als Mitglied des Wissenschaftlichen Prüfungsamtes für das Lehramt an Höheren Schulen die Kandidaten bestehen oder durchfallen. Er wacht als Mitglied des Schulausschusses im Schleswig-Holsteinischen Landtag über die richtigen Lehrinhalte.

Wenn man von den Brandanschlägen auf die Lübecker Synagoge weiß, vom Mordanschlag auf das Haus in der Hafenstraße, vom Einzug neuer Nazis in Parlamente, von der Untätigkeit der Justiz – fragt man mich, wenn man dies weiß, noch immer: Warum schreibst du das?

***

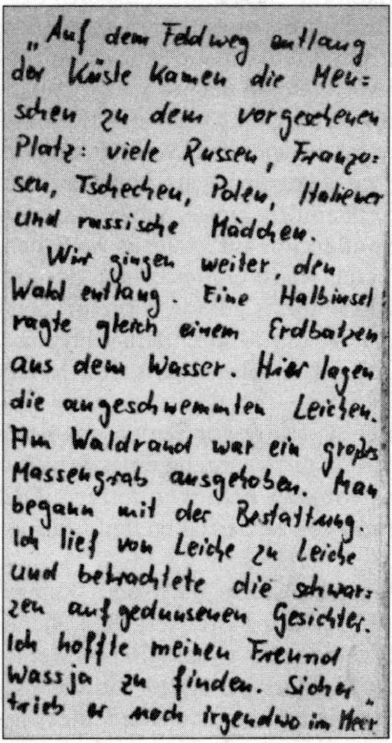

„Auf dem Feldweg entlang der Küste kamen die Menschen zu dem vorgesehenen Platz: viele Russen, Franzosen, Tschechen, Polen, Italiener und russische Mädchen.

Wir gingen weiter, den Wald entlang. Eine Halbinsel ragte gleich einem Erdbatzen aus dem Wasser. Hier lagen die angeschwemmten Leichen. Am Waldrand war ein großes Massengrab ausgehoben. Man begann mit der Bestattung. Ich lief von Leiche zu Leiche und betrachtete die schwarzen aufgedunsenen Gesichter. Ich hoffte meinen Freund Wassja zu finden. Sicher trieb er noch irgendwo im Meer

◄ *19. November 1984: Am Geländer der Schiffsbrücke in Neustadt werden kleine Holzkreuze mit Gedenktafeln für die Opfer angebracht. Eine von ihnen schildert, wie der sowjetische Häftling Aleksander Machnew seinen ertrunkenen Freund Wasja sucht. Die Polizei in Neustadt legt wegen »politisch zersetzender Aufschriften« einen Vorgang an: »Die Personen, die die Holzkreuze angebracht haben, sind nicht ermittelt worden. Es dürfte sich jedoch höchstwahrscheinlich um Mitglieder der Neustädter Friedensgruppe handeln.« Das Ordnungsamt Neustadt entfernt Kreuze und Tafeln und prüft, ob eine Anzeige wegen Verstosses »gemäß § 21 in Verbindung mit § 56 des Straßen- und Wegegesetzes Schleswig-Holstein« erstattet werden soll. Der Ausdruck »politisch zersetzend« entstammt der Nazi-Zeit.*